내 딸에게 보여주는 아빠의 첫사랑 일기

내 딸에게 보여주는 아빠의 첫사랑 일기

아빠의 첫사랑

Diary
of an
Adolescent Daddy:

A Daddy's First Love Story

the tongues of men and of angels, but have no
gift of prophecy and can fathom all mysteries a
possess to the poor and surrender my body to
, love is kind. It does not envy, does not boa
it is not self-se, it is not easily angered,

| 차례 |

프롤로그 |　　1

다락방 일기장을 꺼내다　7
고2의 반장선거 공약은 반팅 주선!　12
연습장 표지 모델 같은 JJ와의 첫 만남　16
동백골 해수욕장 반팅 마이크를 잡다!　20
그녀의 성격 테스트하기 점수는?　26
만장일치 그녀뿐 하지만 그녀는 내 차지　29
데이트는 순천에서　30
순천의 데이트 장소는 레스토랑 그리고 '립스틱 짙게 바르고'　37
버스 안 꼭 잡은 손에 땀이 흠뻑　40
JJ의 해진 속내의를 보다　45
JJ에게 일기를 쓰기 시작하다　49
홍국사 양궁을 쏘다　55
그렇게 첫 사랑의 기억이 흐르다　205

그녀는 5살 연상의 남자를 좋아했다 209
일기장을 보여주다 220
밤새 울고 온 그녀를 만나다 223
그렇게 우리는 멀어져 있었고 난 대학 1학년 생활을 보냈다 227
내 하숙방에 찾아온 JJ 228
나이트에서 온 세상을 품에 안다 231
어색한 침묵이 흐르는 하숙방 236
돈 한 푼 없이 여수행 열차 막차를? 239
시간은 흐르고 난 군 입대를 했다 244
'조폭' 출신 김 상병 245
답장 없는 JJ 249
첫 사랑은 추억이 아니라 '현실' 252
무전여행에서 만난 화가에게 배우다 254

책을 마치며 | 273

| 프롤로그 |

  이 책은 내 나이 18살 때 쓴 두 권의 일기장을 그대로 옮겨 놓은 것입니다.
  이 일기장을 책으로 낸 이유는 두 딸아이에게 아빠의 순수한 첫사랑 이야기를 들려주고 싶기 때문입니다.
  또 이 책을 통해 사랑하는 우리 2세들이 누군가를 만날 때 신중하고 겸손하며 진실할 수 있는 마음을 배우기 바랍니다.
  일기장에는 고교시절 만난 첫사랑에 대한 이야기들로 가득합니다.
  일기장은 편지형식으로 쓰여 졌으며 첫사랑을 그리워하는 마음들을 시로 표현했습니다.
  또 그 나이 또래면 누구나 겪는 대학입시에 대한 방황과 길고긴 고민들도 담겨 있습니다.

큰아이는 이미 중학교 1학년으로 사춘기가 시작됐습니다.

둘째아이는 초등학교 3학년이지만 사춘기 열병을 앓기 전에 예방약을 만들어 놓고 싶습니다.

또 입시 지옥을 겪고 있는 우리 청소년들에게도 잠시 쉬어가는 쉼터가 되기를 바랍니다.

정말 안타깝지만 사랑하는 우리 2세들 중 일부는 입시 전쟁 때문에 극단적인 선택을 합니다.

또 친구들로 부터 집단 따돌림을 당하는가 하면 성폭행에 무방비로 노출돼 있습니다.

1년에도 몇 번씩 반복되는 학생들의 자살은 바로 사랑하는 우리 2세들의 일입니다.

지난해 청소년 10명 중 2명이 자살을 생각했다는 한 조사(한국청소년정책연구원)도 있을 정도로 사랑하는 우리 2세들은 긴 외줄타기를 이어가고 있습니다.

실제로 지난해 전국 초·중·고등학교 학생 139명이 스스로 목숨을 끊은 것으로 조사됐는데 가정불화나 성적, 이성문제가 자살의 원인이었습니다.

부모도 친구도 누군가 진정으로 마음을 열 사람이 없다면 사랑하는 우리 2세들은 극단을 선택합니다. 혼자 쌓아둔 고민에 곪아가는 사랑하는 우리 2세들을 절대로 방치해서는 안 됩니다.

사랑하는 우리 2세들에게 이 책이 비밀 일기장을 보여주는 '절친' 같은 존재가 되길 바랍니다.

이 일기장에서 똑같은 고민에 빠져있고 서로 이해 해주는 좋은 친구를 사귀기 바랍니다.

비록 20년 전 낡은 일기장이지만 사춘기 시절의 고민은 세대차가 없는 것 같습니다.

그리고 사춘기의 고민은 '결국 시간이 해결해 주는 구나' 하는 간단한 진리도 깨닫게 될 것입니다.

사실 자아를 찾기 시작하는 그 무렵, 이성에 눈뜨고 넘치는 에너지와 감정을 제어하기는 쉬운 일이 아니라고 생각됩니다.

그 나이또래 공통점은 서투름일 것입니다.

사랑하는 우리 2세들은 아직 세상과 사람에 대해 세련되고 익숙하게 대처하는 법을 잘 모릅니다.

초등학교 국어 책에 친구와 사이좋게 지내라고 잠깐 언급돼 있지만 '첫사랑과 잘 사귀는 법' '이성 친구와 오래 가는 법' 같은 연애의 기초를 가르쳐 주지는 않았으니까요.

사실 이 책을 내기에 앞서 한 가지 큰 고민에 빠졌습니다.

첫사랑에 대한 책을 내면 두 딸아이의 엄마가 어떻게 생각할까……

그것도 결혼 뒤 15년이 넘도록 책상 서랍 깊은 곳의 일기장에 대해서는 입을 꾹 다물었으니 말입니다.

하지만 내가 겪었던 첫사랑은 오히려 아내와 나를 단단히 이어주는 고리가 됐습니다.

내가 만약 첫사랑을 하면서 불장난 같은 행동에 빠졌거나 진실 되지 못했다면 지금의 아내를 만나지 못했을 것입니다.

첫사랑을 하면서 진심에 대해 고민했고 그 진심을 표현하는 방법이 아내에게도 통했다고 생각합니다.

세상에서 가장 예쁜 두 딸을 낳고 언제나 엄격하면서도 다정스러운 엄마……

힘들고 여유롭지 못한 살림살이 속에서도 늘 새벽같이 출근하는 당신……

늘 사랑하고 감사합니다.

사실 최근 뉴스에 오르내리는 사랑하는 우리 2세들을 보면 너무나 안타깝고 부모로서 겁이 나기까지 합니다.

차마 입에 담기도 무서운 '집단 성폭행'이 자행되는가 하면 왜곡된 애정이 '살인'으로 까지 이어집니다.

20년 전 우리와 비교하면 아이들이 너무나도 다른 세상에서 살고 있다는 생각이듭니다.

사랑하는 우리 2세들이 누군가를 사랑할 때 그 사람을 진심으로 존경하고 아끼는 마음을 갖기 바랍니다.

순수한 마음으로 사랑하는 것이 얼마나 기쁘고 가슴 벅찬 일인지를 진정으로 느끼기 바랍니다.

10여 년 전 첫사랑과 딱 한 번 그것도 아주 짧게 통화한 적이 있습니다.

두 딸아이를 가진 엄마가 됐다는 이야기를 들었고 나도 두 딸이 있다는 말을 했습니다.

너무 갑작스러운 통화여서 몇 마디 말도 못했지만 가끔 이런 생각을 합니다.

첫사랑과 그녀의 남편 그리고 아이들을 만난다면 정말 반갑고도 즐거울 것이라고……

그리고 늘 첫사랑이 진정으로 행복하기를 바랍니다.

가끔 나와 결혼 했다면 어땠을까하고 생각도 해보지만 지금 그녀의 삶이 훨씬 더 행복할 것이라고 확신합니다.

내 첫사랑은 그럴만한 자격이 있으니까요.

그녀와 그녀의 가족들이 늘 사랑이 충만하고 행복하기를 기도합니다.

이 글을 쓰면서 많은 도움을 주신 분들이 있습니다.

나에게 '자신의 가치를 늘 소중히 하라'고 가르쳐주신 경록 이성태 대표님께 진심으로 감사드립니다.

또 MBN의 많은 선배들께 감사드리며 특히 늘 넓고 잔잔한 호수 같은 장용수 국장님, 거센 파도처럼 끝없이 도전하는 이동원 국장님, 이 책을 더욱 섬세하게 다듬어주신 류주희 선배에게 감사드립니다.

참고로 이 책은 20여 년 전 일기장 원문을 전혀 수정하지 않고 그대로 옮겼습니다.

새로 글을 추가하거나 가공하지도 않았습니다.

문장이 많이 서툴지만 20여 년 전 18살 소년이 쓴 일기장임을 이해해 주셨으면 합니다.

이 책이 세상에서 가장 소중한 우리아이들에게 좋은 친구가 되기를 바랍니다.

이 책이 막 사랑이 움트기 시작한 사랑하는 우리 2세들에게 진심과 존경의 마음을 행하는 방법을 알려주기 바랍니다.

다락방 일기장을 꺼내다

1994년 3월, 제대를 한 뒤 전라북도 군산 소룡동에 있는 매형 댁을 찾았다.

군산시내 외곽에 있는 매형 댁은 오래된 1층짜리 양옥집이다.

큰 마당 한쪽에는 경운기가 세워져있고 부엌 문 앞에는 잔반을 해결해 주는 누렁이 강아지가 축 늘어져 있었다.

누렁이집 지붕위로 나있는 시멘트 계단을 스무 칸 정도 올라가면 옥상이 있는데 주위를 둘러보면 지평선 끝까지 논이 펼쳐졌다.

소룡동 매형 댁은 익산에 있는 원광대학교를 2학년 때까지 통학했던 곳으로 평생 잊지 못할 큰 신세를 졌던 곳이다.

큰누님은 27살의 나이에 군산으로 시집을 왔고 매형은 날 친동생처럼 여겨주시는 참 고마운 분이시다.

난 당시 2학년 1학기에 복학을 했고 매형 댁에서 익산까지 시외버스를 타고 통학을 했다.

어느 날 군입대전에 쓰던 물품들을 정리하기 위해 다락방을 올라갔다.

다락방은 작은방 한쪽 벽에 나있는 작은 문을 통해 들어갈 수 있었는데 비좁고 가파른 작은 계단 십 여 개를 올라가야 했다.

매형 댁의 잡다한 물건들도 이 작은 다락방의 터줏대감들인데 평소에는 거의 햇빛을 보는 일이 없었다.

다락방의 크기는 어른 셋이 들어가 누우면 비좁을 정도였고 높이도 낮아 무릎을 꿇고 서면 머리가 천장에 닿았다. 다락방이라는 것이 따로 창이 없었기 때문에 손전등 없이는 앞을 분간하기가 힘든 곳이다.

먼지가 수북이 쌓인 이곳을 더듬는 이유는 단 한가지다.

군대 가기 전에 전공서적이나 잡다한 물건들을 쌓아 놓기도 했지만 중요한 물건이 있었기 때문이다.

한참동안 손바닥과 무릎으로 묵은 먼지를 더듬는 순간 익숙한 것이 손에 잡혔다.

어둠속에 앉아 손전등으로 비추어보니 일기장 두 권이 손에 들어왔다.

JJ에게……라는 제목을 갖고 있는 이 일기장은 내가 고등학교 때 첫사랑을 앓으며 편지 형식으로 쓴 일기장이다.

어두운 다락방에서 2년 동안이나 햇빛을 보지 못한 일기장을 꺼내와 이제 막 익어가는 봄 햇살아래 일광욕을 시켰다.

다행히 다락방이 부엌 부뚜막 위에 있는지라 습한 기운은 없어 곰팡이가 끼거나 젖지는 않았다.

고등학교 다닐 때 거금 만원을 들여 장만한 이 일기장은 제법 두꺼운 종이의 겉장이 감싸고 있었고 작은 자물쇠가 잠겨있다.

자물쇠는 열쇠로 열게 돼있었지만 옷핀 같은 것으로 휘 저으면 쉽게 열리는 보안에는 취약한 일기장이다.

  일기를 썼던 안쪽 종이 재질은 촉감이 매끌매끌했고 수채화 같은 단색의 그림들이 구석구석 그려져 있다.

  오랜만에 볕을 받은 일기장을 한 장 한 장 넘겼다.

  일기장 사이사이에 단풍잎도 있고 쪽지도 보였다.

  엄지손가락 힘을 빌려 스르륵 여러 장을 한꺼번에 넘기니 책장 사이 갇혀 있던 종이 냄새가 콧속을 파고들었다.

  3월의 태양 아래 일기장 속의 기억이 봄 아지랑이처럼 피어올랐다.

고2의 반장선거
공약은 반팅 주선!

 고등학교 때를 돌이켜보면 매일 아침 스쿨버스를 타고 등교했던 것이 기억난다.
 스쿨버스 안에는 아직까지 잠이 덜 깨서 덜컹거리는 유리창에 머리를 기대어 졸고 있는 아이들도 있었고 단어장을 무릎 위에 올려놓고 하나라도 더 외우려는 아이들도 있었다.
 그 당시 난 공부보다는 친구들과 어울려 노는 것을 좋아했다.
 스쿨버스에 타면 그 나이 또래 아이들 한 둘은 꼭 맨 뒷자리에서 창문을 열어놓고 담배를 피우기가 일쑤였다.
 맨 뒷자리는 좌석이 높기 때문에 한자리 앞좌석에서 창문을 반쯤 열어 놓고 피우면 담배연기가 마술처럼 사라져 나갔다.
 그럴 때마다 난 아이들에게 다가가 꼭 한마디를 던졌다.
 "아따 이것들아 썩는다 썩어 폐 썩어……" "우리 상큼하게 등

교하자~ 잉!"

"아따 그냥 니도 한 개 피라" "인생이 괴로운 고2 아니냐"

장난 반 농담 반 섞은 친구들과의 아침인사를 나누며 삼십 분쯤 떠들고 나면 스쿨버스는 언덕을 올라 산 중턱에 있는 학교 운동장에 도착했다.

여수에서 다니던 학교는 개교한지 몇 년 안 된 인문계 학교로 난 6회 입학생이었다.

그때 당시 공부를 잘하는 학교는 아니었지만 지금은 명문으로 자리 잡았다고 한다.

그날은 2학년 1학기가 시작 된 지 며칠 안 되는 날이었다.

학급 반장을 선출하는 날인데 친구들이 삼삼오오 모여 누가 반장이 돼야 하는 둥 누구는 안 된다는 둥 입씨름을 벌였다.

난 창문 쪽에 붙어있는 1분단 맨 뒤에서 아이들 서너 명과 여론의 흐름을 한발 치 뒤에서 바라보고 있었다.

그때 1학년 때부터 친했던 민호가 반장 한번 해보라고 등을 떠밀었다.

"그래? 그럼 한번 나가볼까?"

"그래 우리가 밀어줄게…… 근디 뭐 화끈한 공약을 내걸어야지 되지 안컷냐?

어떤 공약을 내걸까 한참을 고민하던 중에 영호가 회심의 미소를 지으며 한말 건넸다.

"아따 호형아 반팅 어찌냐 반팅! 우리 여학생들과 반팅 한번 하자"

"반팅? 음…… 그래 좋았어…… 니 여학생들하고 끈끈하지?"

그렇게 해서 난 반장선거에 출마를 했고 '20대 20'이라는 사상 최대 규모의 반팅을 공약으로 내걸었다.

투표 결과는 독보적인 '1위당선'이었다.

연습장 표지 모델 같은 JJ와의 첫 만남

 반팅 참가비는 그때 당시 거금이었던 1인당 만 원이었다.

 쉬는 시간마다 반나절을 돌았더니 금세 정예의 반팅 인원 20명이 꽉 찼다.

 드디어 반팅을 주선하기 위해 여학생들과 대표자 회의가 있는 날이다.

 대표자 회의는 시내 빵집이었고 양쪽에서 각각 대표자 4명씩이 참석했다.

 테이블을 사이에 두고 여학생과 남학생 4명씩이 마주 앉았고 테이블 위에는 소보로빵과 팥빵이 수북이 쌓이고 사이다, 콜라가 한잔씩 놓여졌다.

 대표자 회의라서 그런지 여학생들의 미모가 장난이 아니라는 생각이 들었다.

사실 난 그때 여학생을 만난 것이 난생처음이었다.

긴장한 모습을 감추기 위해 최대한 말수를 줄이고 있었다.

그때 한 소녀가 내 눈에 들어왔다. 바로 JJ였다.

청바지에 하얀 면 셔츠를 입었는데 작고 파란 단추가 달려있고 옷깃이 작고 둥글었다.

뭐라고 말해야 하나 후광이 비쳤다고 할까?

그 소녀는 창을 뒤로 하고 앉아 있었는데 창을 통해 들어오는 빛보다 얼굴이 더 하얗게 빛났다.
 눈이 크고 까만 눈동자를 가지고 있었으며 속눈썹이 짙고 길게 뻗어 있었다.

 콧등은 작지만 오뚝했고 불그스레 가냘픈 양 볼과 귓불 아래 솜털이 하얗게 빛을 바랬다.

작고 붉은 입술은 라인이 뚜렷하고 선명했다.

그날 이야기의 주제는 반팅 인원과 장소를 정하는 것이었는데 난 한 마디도 못했다.

얼이 빠졌다고 해야 하나?

약 1시간에 걸친 대표회담이 끝나고 빵집을 나왔는데 친구 민호가 등을 툭 쳤다.

"야 니는 왜 한 마디도 안 하냐?" "니가 주선하는 거 아니었어?"

난 그때서야 정신을 차렸다.

친구들에게 나중에 들은 이야기지만 반팅 장소는 동백골 해수욕장으로 잡았다는 것이다.

반팅 규모가 남녀 합쳐 40명의 대규모라 장소를 물색하는데 시내는 도저히 불가능 했다고 한다.

동백골 해수욕장은 버스를 타고 여수와 돌산을 연결하는 연육교를 지나 30분이면 갈 수 있는 곳이었다.

하얀 모래대신 손바닥 만 한 넓적한 몽돌들이 깔려있는 해수욕장이다.

동백골 해수욕장 반팅
마이크를 잡다!

미팅이 있는 토요일, 밤새 잠을 설쳤다.

그 당시 우리 집은 큰방과 작은 방, 두 칸 이었는데 아버지와 5남매가 함께 살았다.

어머니는 내가 초등학교 1학년 때 대장암으로 세상을 떠나셨다.

돌이켜 보면 아버지는 34년 넘게 5남매를 홀로 키워내신 대단하신 분이다.

큰방은 연탄아궁이에서 때는 불로 난방을 했는데 윗목의 장판이 누렇게 탈 정도로 후끈했다. 작은방은 외풍이 심해 주로 공부방으로 사용했고 그런 탓에 아버지와 오남매가 큰방에서 따닥따닥 붙어 잠을 잤다.

난 막내아들이라서 잠자리를 고를 수 있는 일종의 특권이 주어졌는데 방 한쪽 벽에 있는 흑백 TV 바로 옆 자리가 내 차지였다.

한때 유행했던 심야 외화였던 '사랑의 유람선'을 하는 날이면 잠자는 척 실눈으로 슬쩍슬쩍 훔쳐보는 것이 최고의 재미였다.

그럴 때면 저쪽 벽 끝에서 항상 들리는 아버지의 목소리……

"호형아 안자냐~"

오남매에 아버지까지 한방에서 이불을 덮고 자다보니 아궁이에 불이라도 꺼지는 날이면 식구들의 온기가 난방을 대신했다.

미팅 전날은 잔뜩 설레어 토끼눈으로 밤을 설치고 새벽녘에야 깊이 잠들어 결국 늦잠을 잔 것으로 기억난다.

부랴부랴 서둘러 집을 나섰고 그때 당시 정확히 무슨 옷을 입었는지 생각나지 않지만 아마도 무척이나 신경을 썼던 것 같다.

친구들과 버스를 타고 11시쯤 드디어 동백골 해수욕장에 도착했다.

몇몇 친구들이 먼저 와 있었고 여학생들도 저쪽에 한두 명씩 보이기 시작했다.

12시 가까이 되자 대부분 친구들이 보였고 넓은 평상 네 개가 붙어있는 곳으로 친구들이 모였다.

해수욕장 근처 슈퍼에서 사온 과자와 음료수들이 평상에 깔

렸고 하나 둘 자리를 잡았다.

누가 가져왔는지는 기억나지 않지만 그 당시 유행하던 대형 녹음기가 준비됐고 유선 마이크가 연결돼 있었다.

난 마이크를 잡았다.

'아 아 마이크 테스트……' '아 아 마이크 테스트……'
'여러분 아름다운 해수욕장 써니 할리데이입니다.' '아기다리고

기다리던 반팅'

 지금 생각하니 유치하기 그지없는 멘트라고 생각되지만 그 당시 친구들은 무슨 특별가수 무대라도 보는 양 눈빛이 초롱초롱했다.

 그렇게 그날 반팅은 무르익기 시작했고 남녀 각각 20번까지 번호표를 뽑고 같은 번호가 나오면 짝이 되었다.

난 그때 그 친구가 짝이 되기를 바랐지만 결과는 소원대로 되지 않았다.

짝이 된 커플끼리 한 시간씩 자유 시간을 갖기도 했고 평상 위에 앉아 수건돌리기도 했다.

요즘은 이런 놀이 하는 사람들 보기 힘들지만 예전에는 어딜 가나 빠지지 않는 놀이였다.

그날 친구 한 놈이 오토바이를 몰고 왔는데 JJ에게 멋진 모습을 보이려고 시원하게 해변 도로를 달리기도 했다.

지금 기억으로는 그날 목에 스카프를 했는데 바람에 스카프와 머리카락을 잘 날리기 위해 무척 신경을 썼던 것 같다.

한 바퀴 시원한 해변 도로를 달리고 난 뒤 JJ가 가까운 곳에 오토바이를 멈추었고 멋지게 보이기 위해 '후카시'라고 하는 공 엔진을 붕붕 돌리기도 했다.

4월이 만들어준 따뜻한 태양과 시원한 바닷바람에 시간이 훌쩍 지나 3시가 조금 넘자 희비가 엇갈렸다.

계속 만나기로 약속한 짝도 있고 이미 짝을 잃고 방황하는 친구들도 눈에 띄었다.

반팅이 끝나고 집으로 돌아가는 분위기가 되자 처음 반팅을 주선했던 남자 넷 여자 넷이 다시 뭉쳤다.

이런 저런 이야기 끝에 여수 시내에서 남자들이 영화를 보여주고 여자들이 빵을 사주기로 의견을 모았다.
 그때 JJ도 있었다.

그녀의 성격 테스트하기
점수는?

사실 그날 무슨 영화를 보았는지 기억은 나지 않는다. 온통 신경이 그 친구에게 가있었기 때문에 영화가 눈에 들어왔을까……

영화를 본 뒤 시내 중심가에 있는 빵집에 남자 넷 여자 넷이 다시 마주 앉았다.

이런저런 이야기를 나누다가 갑자기 장난기가 발동했다.

이른바 '성격테스트 장난'

친구들에게 물주전자로 한명씩 물을 따라주다가 JJ의 차례가 되자 컵을 받쳐 들은 JJ의 손등에 실수한 척하며 일부러 물을 흘렸다.

반응이 궁금했다.

어떻게 설명해야 할까.

우선 그 친구는 손등에 묻은 물을 털어 낸 뒤 말없이 손수건을 꺼내서 남은 물기를 닦아냈다. 그리곤 내 눈을 보더니 살짝 웃었다.

오 마이 갓!

그때 내 기분을 표현하자면 어떻게 말할 수 있을까?

한마디로 요즘 말로 '멘붕'이라고 해야 하나? 아름답다고 해야 하나?

그렇게 예쁘게 웃는 모습은 난생 처음이었다.

누군가 이런 나를 두고 얼빠졌다 할지 몰라도 열여덟 살 소년의 심장은 터지기 일보 직전이었다.

난 아마 그때 세상에 태어나서 처음으로 사랑에 빠졌을 것이다.

누구는 풋사랑이라고 말하고 누구는 첫사랑이라고 말하지만 사랑에 빠진 건 확실했다.

만장일치 그녀뿐
하지만 그녀는 내 차지

반팅이 있고 다음 주 월요일 교실 안은 온통 반팅 이야기뿐이었다.

누가 예쁘니 누가 안 예쁘니…… 언제나처럼 친구들과 창가 쪽 맨 끝 책상에 모여 앉았다.

그런데 친구들 6명 중 무려 5명이나 그 친구가 서로 마음에 든다고 떠들어 댔다.

난 엄포를 놓았다.

"그 애는 내거야"

이렇게 해서 JJ를 향한 나만의 첫사랑 이야기는 천천히 시작되었다.

데이트는 순천에서

 수업시간 몰래 두 시간을 들여 정성스럽게 편지를 썼다.

 정확히 무슨 내용인지는 기억나지 않지만 문방구에 들러 예쁜 편지지와 봉투까지 준비했다.

 첫날 인상에 대해서 그리고 꼭 다시 한 번 만나고 싶다는 것, 그리고 용기를 내어 사귀고 싶다는 말까지 한자 한자 써내려갔다. 점심시간부터 쓰기 시작한 편지는 오후 수업시간 한두 시간을 더 투자하고서야 겨우 끝낼 수 있었다.

 편지를 쓰는 동안은 칠판에 글씨가 쓰여 지는 소리도 선생님의 목소리도 아무 소리도 들리지 않았다.

 오직 환한 미소를 가진 소녀만 보였다.

 편지는 친구 길성이를 통해 전했다.

 3일 정도 지났을까…… 기다리던 답장이 왔고 우린 둘만의 첫 만남을 가졌다.

첫 만남은 그 나이 고등학생이라면 출입이 금지된 커피숍에서 이뤄졌다.

그 당시 나는 그 친구에게 나름 성숙한 이미지를 풍기기 위해 그런 장소를 선택한 것 같다.

이름이 좀 촌스럽지만 '별들의 고향'이라는 커피숍으로 여수시내 중심가에 있었다.

내부 분위기는 약간 어두운 갈색 톤의 목재가 벽과 바닥을 장식했으며 칸막이와 탁자와 의자도 모두 갈색 나무로 만들어 졌다.

2층 창가 좌석에는 넓은 통유리가 있어서 여수 시내 중심가를 지나가는 행인들의 모습이 보이는 곳이다.

우리의 첫 만남이 막 시작됐을 때 흘렀던 음악은 SANTA ESMERALDA의 YOU ARE MY EVERYTHING 이었다.

You're my everything
The sun that shines above you makes the blue bird sing
The stars that twinkle way up
in the sky tell me I'm in love

When I kiss your lips
I feel the rolling thunder to my fingertips
And all the while my head in a spin
Deep within I'm in love.

You're my everything
And nothing really matters
but the love you bring
You're my everything

To see you in the morning
with those big brown eyes.

You're my everything
Forever and the day I need you
close to me
You're my everything
you never have to worry
Never fear for I am near.

Oh, my everything
I live upon the land
and see the sky above
I swing within her oceans
sweet and warm
There's no storm, my love.

When I hold you tight there's nothing That can
harm you In the lonely night
I'll come to you

And keep you safe and warm
It's so strong, my love.

〈You're My Everything - Santa Esmeralda〉

 나중에 이야기를 하겠지만 이 음악은 JJ가 대학 하숙방에 처음으로 찾아왔을 때 어렵게 준비해서 같이 들었던 음악이기도 하다.

 그날도 JJ는 흰색 계통의 티셔츠와 청바지를 입었으며 손에는 흰색에 분홍꽃잎이 수가 놓인 손수건을 들고 있었다.

 아마 처음 만난 날이라서 어디 사는지, 취미는 무엇인지 등의 호구조사를 했겠지만 그날의 이야기가 잘 기억나지 않는 것은 그 친구의 큰 눈에 빠져서가 아닐까……

 커피를 한잔 마신 뒤 커피숍을 나와 여수 시내를 함께 걸었다.

 JJ가 집을 가기위해 버스를 타는 장소까지 바래다주는 짧은 거리였지만 온 세상 사람들이 우리 둘만 쳐다보는 것 같았다.

 많은 사람들이 오가는 시내 한 복판을 둘이 나란히 걷다보니 JJ의 어깨와 팔이 가끔씩 살짝살짝 스쳐지나갔다.

 어쩔 땐 너무 세게 부딪혀서 '아…… 미안……'이라고 말하지 않으면 고의로 부딪치는 것 같은 느낌을 줄 정도였다.

'너무 좋았다' 그렇게 JJ와 시내를 함께 걸어간다는 것이 '너무 좋았다'

'난생 처음 사귀는 여자 친구가 이렇게 예쁠 줄이야……'라고 속으로 생각하니 가슴이 터질 것 같이 기뻤다.

그런데 야속하게도 버스 정류장에 도착하자마자 버스가 와버렸다.

잘 가라는 말과 함께 다음에 연락할게 라는 말밖에 못했다.

그러면 할 말 다한 것 아니냐고 할지도 모르지만 난 버스가 한참 늦게 오기를 바랬다.

그리고 버스가 떠난 뒤에는 사라질 때까지 한참을 바라보고 있었으며 이윽고 버스가 완전히 시야에서 사라지자 나도 모르게 '와우~!'라고 비명을 질렀다.

그렇게 우리는 첫 만남을 가졌고 이후 주된 데이트 장소는 순천으로 정했다.

여수 시내가 워낙 좁은 것이 문제였는데 시내에 같이 걸어 다니기만 해도 다른 친구들 눈에 금방 띄기 일쑤였다.

순천을 가기 위해서는 여수시외버스터미널에서 만나 순천행 직행 버스를 함께 탔다.

그 나이 때 용돈이 그렇게 풍족하지는 않았기 때문에 데이트

자금은 한 달 치 용돈을 아끼고 아껴 사용하곤 했다.

지금도 여수시내버스터미널의 모습이 눈에 선하다.

그 친구를 혹시라도 기다리게 할까봐 항상 먼저 도착했으며 그 친구가 멀리서 다가오는 모습을 바라보기위해 터미널 입구에 있는 계단 위에서 항상 기다렸다.

터미널 안에는 약국과 작은 슈퍼가 있었는데 같이 먹을 음료수를 사기위해 약국에서는 박카스를 사기도 했고 슈퍼에서는 비스킷과 사이다, 콜라를 사기도 했다.

검은 비닐봉지에 간식거리와 음료수를 싸서 순천행 직행버스를 기다리는 시간이 왜 그렇게도 좋았을까?

시외버스 터미널 대합실에 있는 10개씩 세 줄로 딱 붙어 있는 플라스틱 의자가 왜 그렇게도 편하고 좋았을까?

플라스틱 의자에 뭐라도 묻어 있을까봐 항상 손수건을 준비해 깔아주는 것이 왜 그렇게도 좋았을까?

순천의 데이트 장소는 레스토랑 그리고 '립스틱 짙게 바르고'

고속버스터미널에서 버스를 타고 순천을 가는 데는 40분이 걸린다.

가면서 이런 저런 이야기를 많이 나누어야 하는데 그 당시 난 이성의 마음을 사로잡는데 서툴렀다.

여자 친구를 처음으로 사귀었기 때문일 수도 있지만 내 마음을 전달하는 방법을 잘 모르고 있었던 것 같다.

한마디로 여자 친구 사귀는 노하우가 없었다고 할까?

그 친구와 순천에서 가장 생각나는 기억은 레스토랑을 가고 노래방을 간 것이 기억난다.

호주머니 안에는 아마도 그때 당시 3만 원 정도가 있었던 것으로 생각된다.

그러면 여수와 순천을 왕복할 수 있고 돈가스 2인분을 시킬 수 있는 돈이었다.

 순천 시내 중심가에 있는 조용한 레스토랑이었고 둘만이 앉을 수 있는 창가의 소파 그리고 우리 자리를 살짝 가려주는 커튼도 기억난다.

 스프와 샐러드가 따로 작은 접시에 나오고 돈가스와 마카로니, 그리고 밥 조금에 새끼손가락 크기의 단무지.

 지금도 그때 먹었던 돈가스가 기억에 뚜렷하다.

 레스토랑에서 나와서 JJ와 함께 갔던 곳은 노래방이다.

순천 중심가에 지하노래방이었던 것으로 기억난다.

그때 난 내가 자주 부르던 이문세의 '그대'를 불렀고 JJ는 임주리의 '립스틱 짙게 바르고'를 불렀다.

그런데 JJ가 불렀던 노래 첫 구절이 참 아이러니하다는 생각이 들었다.

'내일이면 잊으리 꼭 잊으리 립스틱 짙게 바르고 사랑이란 길지가 않더라 영원하지도 않더라'

난 그때 당시 JJ가 정말 예쁘게 노래를 참 잘 부른다는 생각밖에 안했다.

하지만 JJ와 멀어져 있을 때마다 우리 둘의 만남이 순탄치만은 않음을 암시라도 한 것 같은 노랫말이었다.

그리고 그 노래는 내가 부를 수 있는 몇 안 되는 여자가수의 노래가 되었다.

버스 안 꼭 잡은 손에 땀이 흠뻑

여수에서 순천으로 향하는 버스 안 에서는 그 친구의 손을 잘 잡지 못했다.

자주 만나지도 못했고 떨어져 있으면 왠지 서먹서먹한 분위기가 서로를 갈라놓았기 때문이다.

하지만 순천에서 여수를 향하는 버스는 언제나 내가 가장 기다리는 시간이었다.

잔뜩 용기를 내어 손을 잡을 수 있는 기회가 있었기 때문이다.

그리고 참 긴장되는 시간이었다.

같은 버스좌석에 나란히 앉아있다 보면 다리에 잔뜩 힘을 주고 있어도 버스가 이리 흔들 저리 흔들거리면 무릎이 살짝살짝 닿을 수밖에 없었다.

무릎이라도 닿으면 이내 다리를 꼭 모아 앉곤 했는데 혹시라도 JJ가 불편해 할까봐였다.

  그리고 손 한번 잡는데 왜 그리도 힘들었는지……

  내 손을 어디에 둘지도 몰랐고 어디에 두더라도 불편하고 어색했다.

내 무릎위에 있던 손이 한 뼘도 안 되는 JJ의 무릎 위 손까지……

정말 가깝고도 먼 거리였다.

손을 잡으려는 타이밍을 잡기도 어렵고 모른 체 하고 은근슬쩍 잡으려고 해도 용기가 선뜻 나지 않고……

그렇게 한참을 망설이다가 하는 말이 '우리 손잡고 가자'였다.

참 부끄럽기도 하고 바보 같기도 하고……

그럴 때면 항상 JJ는 그냥 창밖을 바라보았다.

그러면서 '응' 하는 작은 소리가 들렸다.

난 두근거리는 마음으로 JJ의 작은 손을 잡았고 그렇게 두 손을 꼭 잡고 있으면 금세 잡은 손바닥엔 땀이 흥건하게 차이곤 했다.

손을 잡고 있기만 해도 긴장의 연속이었다.

잡고 있던 손을 천천히 잡고 있다가도 힘주어 꽉 잡아보기도 하고 그리고 손바닥에서 깍지를 끼워 잡아보기도 하고……

손에 땀이 차지 않을 수 없었다.

2학년 때 수학여행을 다녀온 JJ가 선물이라고 건넨 것이 기억난다.

은색 하트 목걸이였는데 은도 은도금도 아니지만 은색으로 밝게 빛나는 목걸이였다.

목걸이에는 하트 모양의 팬던트가 달려있었는데 크기는 오백 원짜리 동전만 했고 그 안에는 'JJ가 친구에게'라는 영문이 새겨져 있었다.

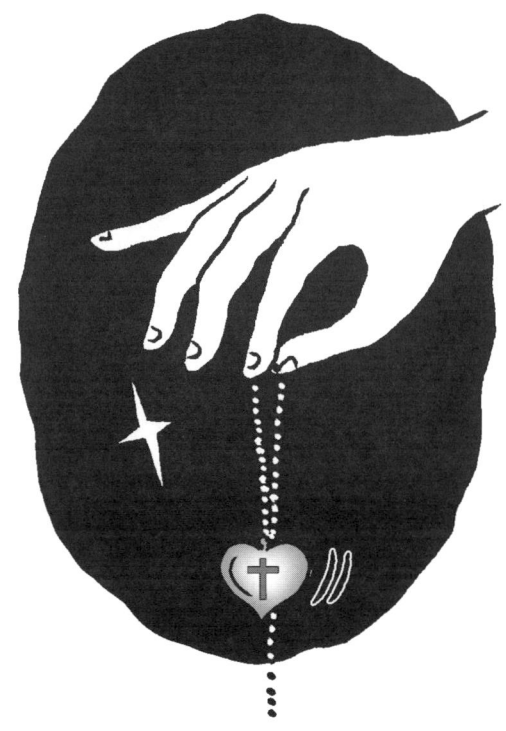

난 그 목걸이를 보물 다루듯이 늘 호주머니 안에 넣고 다니며 만지작만지작 했었다.

소풍이라도 가는 날이면 그 목걸이를 목에 걸고 마치 진짜 값비싼 보석이라도 되는 듯 폼을 잡던 기억도 난다.

친구들이 누구에게 받았냐고 묻지는 않았지만 난 질문이라도 받고 보여주는 것처럼 자랑스럽게 지니고 다녔었다.

수업시간이나 쉬는 시간에도 하트에 새겨진 글자를 몇 번이라도 다시 보곤 했는데 '친구에게'라는 표현이 무척 아쉽다는 생각도 했었다.

친구라는 단어대신에 차라리 '호형'이라는 이름을 넣거나 'honny'라는 단어가 들어갔으면 더 좋았을 텐데 하면서 혼자 웃곤 했다.

JJ의 해진 속내의를 보다

생일 선물을 주기 위해 JJ의 집으로 향했다.

집을 나선 것은 새벽어둠이 아직 가시지 않을 때였다.

JJ의 집은 산 중턱에 있었다. 골목길을 따라 구불구불 몇 번 돌다보면 집이 나타났다.

JJ가 학교에 가기위해 집을 나설 때 마주치기위해서는 새벽부터 서둘러야 했다.

드디어 새벽어둠이 막 가시려 할 때 JJ가 나타났다.

그런데 모습을 보인 곳은 집안이 아니라 골목길 저쪽이었다.

처음에는 인기척이 나기에 지나가는 사람일 것이라고 생각했지만 점점 가까워지자 JJ라는 것을 알았다.

'아니 이 새벽에 어디를 다녀오는 것일까……'

그러나 이내 곧 JJ의 손에 들려있는 것을 보고 왜 어두운 골

목길에서 모습을 드러내는지 알 수 있었다.

'신문'이었다.

JJ는 아무도 모르게 신문배달을 하고 있었던 것이다.

신문을 돌리다 남았는지 어림 보아도 5부 정도는 손에 들려 있었다.

JJ가 물었다.

"무슨 일이야? 이렇게 일찍?"

"아 이 편지하고 선물…… 미안해 이렇게 일찍 와서……"

부끄러워하는 JJ가 고개를 떨칠 때 내 눈에 들어온 것이 하나 있었다.

오래돼서 해어진 메리야스였다.

크고 둥그런 목 티가 왼쪽 쇄골뼈가 반쯤 보이게 늘어져 있었고 그 사이로 메리야스가 보였다.

난 순간 너무나도 미안함과 동시에 JJ가 무척 가엽다는 생각이 들었다.

열여덟 살 소녀가 신문배달 하는 모습을 보이고 싶었을까?

얼마나 놀라고 당황했을까?

하지만 JJ는 놀란 마음을 애써 감추었다.

"보려면 이따 오후에 학교 끝나고 보지……"

"아…… 미안해…… 이거 받아. 생일 축하해?"

난 그렇게 말하고 오후에 또 보자면서 곧바로 뒤돌아서 뛰었다. 빨리 JJ에게 멀어지는 것이 그녀를 위한 것이라고 생각했다.

그런데 이상하게도 뛰고 있던 난 말할 수 없이 가슴이 벅차오르는 기쁨을 느끼고 있었다.

JJ를 알고 JJ를 만나고 그녀를 언제부터인가 좋아했지만 그날은 정말 JJ가 사랑스럽게 느껴졌다.

그렇게도 열심히 꿋꿋하게 살아가는 JJ를 위해 무엇이든 할 수 있겠다는 마음이 난 그날 처음으로 들었다.

JJ에게 일기를 쓰기 시작하다

그 친구를 봄에 만나고 여름이 지나고 첫 가을을 맞이한 10월부터 일기를 쓰기 시작했다.

고 3으로 올라가기 전이라서 점점 대학입학시험에 대비해야 한다는 JJ의 조언 때문이었다.

그만큼 자주 만날 수 없는 안타까운 마음을 그리고 보고 싶은 마음을 일기장에 편지형식으로 쓰기 시작한 것이다.

그전에도 쓰던 일기장이 있었지만 새로 일기장을 마련해 그 친구와 나만의 추억을 담은 일기장을 만들고 싶었다.

그렇게 시작된 일기의 첫 장은 '서시'로 시작했다.

윤동주의 서시는 부끄럼 없는 삶을 살겠다는 것과 좌절되지 않고 목표를 이뤄내겠다는 굳은 의지가 들어 있어 내가 가장 좋아하는 시다.

그리고 난 그 친구를 'JJ'라고 부르기로 했다.

이름의 이니셜을 따서 JJ라고 불렀는데 참 정감이 가는 단어다.

그 일기장의 첫 페이지는 89년 가을 밤 쓰여졌다.

89. 10. 28
죽는 날까지 하늘을 우러러
한 점 부끄럼 없기를
잎새에 우는 바람에도
난 괴로워 했다
별을 노래하는 마음으로
모든 죽어가는 것을 사랑해야지
그리고 나에게 주어진 길을 걸어 가야겠다
오늘도 별이 바람에 스치운다

— 서시 / 윤동주

JJ……
오늘도 예전과 똑 같이 시계는 째깍거리고
스탠드는 책상을 비추고 있다.
난 오늘 억제해야 될 것을 억제하지 못하고
그런 다음에는 내 자신을 자책하고 꾸짖었단다.
오늘도 다시 반복되는 다짐을 하련다.

89년 10월 29일

생활이 그대를 속일지라도

슬퍼하거나 노하지 말라

슬픔의 날을 참고 견디면

언젠가는 기쁨의 날이 오리니

현재는 언제나 슬프고 괴로운 것

마음은 언제나 미래에 사는 것

모든 것 하염없이 사라지나

지나간 것은 항상 그리워지는 법이니…

— 삶 / 푸쉬킨

JJ 넌 이 세상에서 무엇이 가장 좋으니

난 말이야. 하늘에 언제나 떠 있는

구름이 좋단다.

왜냐구?

그것은 너무나 아름답고 너무나 높고 너무나도 푸르거든

자기 마음대로 모양도 바꾸고 친구인 바람과 항상 같이 다니거든

가끔가다 심술궂은 장난도 치지만 말이야

사람들에게 이 세상에서 가장 넓은 그늘도 주고

또 우리가 먹는 물도 주고……
난 구름이 좋아……

흥국사 양궁을 쏘다

여수 시내에서 가까운 흥국사라는 절이 있다.

어린 시절 아버지와 누나들 그리고 형과 함께 간 기억이 난다.

아버지께서 어려운 살림살이에도 맛있는 걸 사주시겠다며 데려간 곳이 시원한 계곡물이 흐르는 삼계탕집이다. 그때 가스버너 위에서 뜨겁게 보글보글 끓던 노란 삼계탕 국물과 찹쌀 죽이 아직도 눈에 선하다.

어느 날은 JJ와 흥국사를 찾았다.

절까지 나있는 등산로를 따라 같이 걸었고 옆으로 흐르는 작은 계곡들의 물 흐르는 소리가 기억난다.

차가운 계곡물에 신발을 벗고 발을 담갔고 물장구를 치던 일 그리고 내 어깨를 툭 치며 해맑게 웃던 JJ가 생각난다.

그러고 보니 그때 당시 JJ는 말 끝마디를 '~ 하니', '왜~ 그러니'라고 했던 것으로 기억난다.

여수아이들은 이런 말투를 잘 사용하지 않는데 JJ는 자주 사용하곤 했다.

홍국사에서 가장 기억에 남는 일은 양궁을 같이 쐈던 일이다. 홍국사 같은 작은 관광지에는 길가에 활을 쏠 수 있는 놀이

시설이 있었다.

가격은 정확히 기억나지 않지만 열 발에 이천 원 정도 했던 것 같다.

둘이 다섯 발씩 나눠서 활을 쏘았는데 난 처음 쏴본 실력치고는 그런 대로 잘 맞추었다.

그런데 JJ가 문제였다.

과녁이 세 개가 있었는데 우리가 쏘기로 정한 가운데 과녁은 한 발도 맞지 않은 것이다.

JJ가 쏜 다섯 발 가운데 네 발은 땅에 떨어지거나 옆으로 비켜나갔고 나머지 한 발이 어처구니없게도 오른쪽 과녁에 맞은 것이다.

그것도 정 중앙에 말이다.

난 이날의 일을 JJ와 내가 이뤄지지 않을 것이라는 두 번째 암시라고 늘 생각했다.

원래 목표였던 중앙의 과녁을 벗어나 옆 과녁에 맞은 화살을 보고 왠지 불길한 예감이 들었다.

세상의 모든 일이 다 원하는 대로 되는 것이 아니라는 생각이 들었다.

특히 첫사랑은 말이다.

 암시가 현실로 이루어지듯 JJ는 흥국사에서 떠나 여수로 돌아올 때 이제 만나는 시간을 줄이자고 말했다.

 청천벽력 같은 소리였다.

 '어떻게 그럴 수 있나…… 내 마음도 제대로 표현하지 못했는데……'

 하지만 어쩔 수 없는 일이었다.

 1년여 앞으로 다가온 대입을 위해서는 어쩔 수 없는 일이었다.

 아름답게만 보이던 오색의 가을낙엽이 갑자기 모든 빛을 잃어버렸다.

 처음 흥국사를 들어올 때 비단처럼 깔려있던 낙엽들이 하나도 보이지 않았다.

난 그날 이후 JJ에게 일기를 자주 썼다.
매일 매일 보고 싶은 마음을 일기라도 달래야 했기 때문이다.

> 89년 11월 4일
> - 홍국의 가을 낙엽 속에서 -
> 찌푸린 하늘 향해
> 바라는 것은 무엇인가
> 떨어지는 낙엽에게
> 해주고 싶은 말은 또 무엇인가
> 환희 비추어주세요. 따뜻하게 안아주세요
> 그동안 안녕…… 그날을 잊지마……
> 그때 다시 만나…… 꼭……

JJ……
난 너에게 낙엽이 되고 싶구나
너에게서 태어나 너와 더불어 살고
너를 위해 땅속에 묻히며
너의 열매가 되고
너의 아름다움이 되고

너의 꽃이 되고 싶구나
그러기 위해 난 지금 뛴다
그날까지 쉬지 않고 뛰련다
JJ…… 나의 JJ……
순수하고 여위고 사랑스러운 나의 JJ……
졸업 후의 대학생과 사회 초보자의 토요일의 만남
꼭 이루어지기를……

89년 11월 8일 흐림
요사이 날씨가 가을에서 겨울로 가는 날씨인 것 같지 않다.
사람들은 모두 제각기 정신병이 있나보다.
자기가 가장 잘 났고 남에게 욕하고 자기를 과시하고……
우월의식을 갖고 열등의식을 갖고 아부하고 정상화 시키고……
나도 정신병을 앓고 있다. 모두가 마찬 가지이다.
JJ 너의 정신병은 무엇이니?
나의 정신병은……
아마 윗글 중에 하나 일거야
내일 그 병을 고칠 수 있는지 시험해 봐야겠다.

89년 11월 16일 맑음

바람이 점점 싸늘해지는 것 같구나

감기가 날 건드려다가 또 달아났단다.

난 정말 감기에는 약한 것 같아

JJ는 감기 안 걸리고 건강히 잘 있는지 걱정 되는구나……

JJ 요즈음 나에게 가장 걱정되는 것은 또 고민되는 것은 '힘'이란다.

정말 요사인 힘센 자가 그렇지 못 한자를 너무나 괴롭히는 것 같아 옆에 잇는 나로서는 도와주지 못해 염불이 난단다.

오늘은 도움을 주려고 애를 썼지만 그렇지만 이 세상 모든 악의 힘이 사라지는 것은 아니란다.

그래도 난 내 주변에는 그런 악의 힘이 활기 치는 것은 바라지 않는단다.

JJ 난 조그마한 악의 힘을 하나하나 없애는 것에 만족하며 살련다.

그러면 언젠가는 모든 악이 없어지겠지……

위의 일기는 고등학교 시절 일명 '학교짱'에 대한 불만과 고민을 쓴 것으로 기억난다.

그때 그 아이의 이름을 밝힐 수는 없지만 친구들에게 참 몹쓸 행동을 많이 했던 아이다.

힘 약한 아이들을 괴롭히고 폭행을 일삼고 심지어는 돈을 뺏기도 했다.

그 아이 때문에 얼굴에 멍이 들거나 입술이 터진 아이가 각 반에 한두 명은 꼭 있었으니 무척 심각한 일이었다.

힘없는 아이들에게는 그 친구가 악마보다 더 무서운 존재였을 것이다.

한번은 선생님께 따로 상담을 신청했다.

교무실 옆 상담실에서 선생님께 이야기를 했는데 방법이 없어 보였다.

그 친구의 부모가 상당한 재력가라는 것이다. 학교에 소위 육성회비를 많이 낸다는……

선생님은 솔직하게 말씀하셨다.

그러나 그런 사실이 더욱 분했다.

난 선생님 앞에서 울고 말았다.

그런 친구를 전학이라도 보내고 싶었지만 내 힘으로도 선생님의 힘으로도 불가능한 일이란 것을 안 것에 대한 분노였다.

20여 년 전 내가 고등학교 시절에도 그랬지만 지금 이 시간을 살아가는 사랑하는 우리 2세들도 같은 고민에 시달릴 것이다.

매일 그 친구 같은 나쁜 아이들에게 맞고 다니는 사랑하는 우리 2세들을 생각하면 너무나 불안하다.

혹시 내 아이가……

가끔 이런 학교 폭력 이야기를 뉴스에서 접하지만 만약 내 아이가 당사자가 된다면 회사일이고 뭐고 아무 일도 안 잡힐 것이다.

학교 폭력을 없애는 방법은 없다. 다만 줄일 수 있다는데 희망을 가져야겠다.

89년 11월 20일

나의 JJ…… 난 결심 했단다.

무슨 결심이냐고?

바로 나의 대학을 결정 했다는 거야

너무나 높은 곳을 했다는 생각도 들지만

그 정도로 열심히 해야 된다는 생각 때문에 그 곳으로 결정했단다.

JJ 난 두렵다 만약 내 뜻대로 되지 않는다면 크나큰 슬픔을 받게 될 테니까……

'고려대 경영학과'

내 점수는 비교도 안 될 만큼 높은 곳이지만

난 기쁨을 찾아 뛰련다……

그래서 너와도 같이 만나고 나의 꿈 너의 꿈

같이 만드는 거야!

나에게 파이팅 하고 격려해 줄래?

JJ를 만나고 우리가 조금 가까워졌을 때 JJ가 이런 말을 했다.

나를 만나기 전에 다른 남자 친구들이 있었다는 것이다.

그러면서 내겐 JJ가 처음 인 것에 대해 많이 미안해하는 눈치였다.

그러던 어느 날 편지 한통을 받았다.

친구까지는 아니었지만 그냥 알고 지내던 여자 아이가 보낸 것이었는데

난 그 편지가 온 날 JJ에게 일기를 썼다.

미안해하지 말라고…….

89년 11월 23일

너에게 한 가지 용서를 빌어야겠구나!

무엇이냐고?

오늘 집에 와보니 책상위에 편지가 놓여 있더구나!

난 너무 기뻤단다. '친구'라고 초록색 글씨로 쓰여 있었기 때문에 말이야

그런데 편지를 몇 줄 읽고 난 뒤 너 JJ로부터 온 것이 아님을 알았을 때 너무 놀랐단다.

그 뒤론 도저히 읽을 수가 없었단다. 그래서 깨끗이 찢어버리고 휴지통에 버려버렸단다.

이것이 바로 너에게 용서를 구하고 싶은 것이다.

용서해 주겠니?

내가 널 만나기 전에 중 3때 알고 지내던 여자 아이가 있었단다.

지금까지 쭉 소식도 없이 지내다가 이렇게 오늘 편지를 받게 되니 너무나도 너에게 미안하구나.

JJ 넌 나에게 하나이고 다른 어떤 사람도 널 대신 할 수가 없음을 알고 있겠지?

JJ가 항상 나에게 지난일로 미안해하듯이 이젠 항상 너에게 고개를 숙여야 겠구나.

항상 소중한 나의 JJ······

- 구름 -

어이 친구!

어이 친구……………… (대답이 없다)

고개의 뻐근함을 넘기려고

잠깐 하늘을 보면

그리고 가만히 귀 기울여 보면

구구구구구우우………………

이게 무슨 소릴까 가만 쉿! 조용해!

아무소리도 안 들리잖아? 쉬잇 !

이 세상 가장 높은 곳에 가장 깨끗한 곳에 가장 평화스러운 곳에

모양도 없고 힘도 없는

하이얀 구름이 지나 간다

왜 저리도 자꾸 바뀌나

선녀, 토끼, 강아지, 별, JJ……

넌 도대체 무엇이니? (대답이 없다……)

항상 우리에게 가장 강한 햇살이 비칠 때 이 세상에서 가장 넓은 그늘을

주고 온갖 곡식이 헉헉 거릴 때 시원한 비를 주고, 그런데 난 너에게 무엇을 주지?

같이 가줄까?
산마루까지 쫓아 갔지만 뿔뿔이 흩어지고 어디론가 가 버렸네……

--- 언젠가 ---
새벽녘에 버스를 타고 학교에 와서
아무도 없는 교실 창가에 홀로서서 저 멀리 바라보면……
잘 정돈된 가로수들이 각기 자기가 맡은 곳을 비추고 있단다.

그리고 저 멀리 아득히 안개가 산을 맴돌 때는 정말이지 아름다움에 깊이 파묻혀 짐을 느낄 수 있단다.

또 하나 텅 빈 철길의 삭막함은 온몸을 으스스 모이게 한다.

그래 언젠가 철도의 끝을 본적이 있었지……

이름 모를 잡초로 둘러 쌓인 직사각형의 단단한 콘크리트가 꽉 막고 있더구나……

무엇을 의미하는 걸까?

마치 인간의 삶이 아닌가?

구불구불하게 살아가다가 또는 반듯이 가다가 또는 오르막길, 내리막길……

끝내는 콘크리트에 부딪혀서 세월을 잊어버리는 그런 인간의 삶.

후우~ 입김이 창에 맺혔다가 이내 금방 사라지는구나

다시 한 번 몸이 움츠려 진다.

89년 11월 27일 가끔 비

수업시간도중 왠지 창밖으로 시선이 쏠리더구나.

참 오랜만에 비를 본 것 같아 한참 넋을 잃고 바라보고 있었단다.

꽤 썰렁한 기운이 감돌았지만 친구들의 따뜻함을 더욱 느낄 수 있었다.

JJ!

어쩔 땐 날 우물쭈물 하게 하는구나

오늘도 그런 것 같아 친구 철승으로부터 너의 이야기를 들었단다.

여러 가지로 걱정 되는구나.

힘든 점도 참 많을 텐데 그 곳에서 일하게 되면 너 JJ의 이름이 이사람 저 사람에게 쉽게 오르락내리락 거릴 텐데……

지금 당장 너에게로 가서 이야기도 하고 싶은데

그렇지만 우린 약속했잖아! 지금 만나버리면 그때 못 만날 것 같아!

JJ는 힘든 일도 슬픈 일도 잘 해내는 선수이니까……

난 걱정 안 해도 되겠지?

항상 어려운 곳에서 더욱 소중하고 아름다운 나의 JJ

89년 11월 29일 구름 약간

스쿨버스에서 내리자 가장 먼저 눈에 들어온 것은 눈이 하얗게 쌓인 운동장.

워낙 추위가 기승을 부리는 산 중턱이라서 간밤에 내린 눈이 아직 사라지지 않았나 보다.

아침에 햇살을 거의 느끼지 못하고 가뜩 움츠리고 있는 나에게 친구 관길이가 '잘 있더구나'라고 예기해 주었을 때 안도의 한숨으로 가슴을 펼 수가 있었단다.

JJ 내가 직접가지 못해서 무척이나 아쉽구나!

JJ가 주는 빵도 먹고 싶은…… 하하……

이젠 한숨 돌렸으니… 추운 날 감기 조심……

나의 JJ……

89년 12월 1일

드디어 12월이 되었구나.

이젠 꼭 1년 남았구나. 시간이 갈수록 갑갑해 지는 나의 가슴.

크게 들이마신 한숨이 더욱더 무거워 지는구나.

JJ……

가끔가다 스피커에서 '1, 2학년들이 자율학습 중이니 3학년 학생들은 교실이나 복도에서 조용히 하세요!'라고 방송이 나오기도 한단다.

이젠 거의 모두가 자포자기라도 해버린 양 말이야……

내년에 나도 그렇게 되지 않을까 걱정되는구나.
'나의 운명은 내가 지켜야지' 라고 굳게 다짐 하지만 마음대로 되질 않는구나.

89년 12월 3일 맑음
토요일 오후 도서관에서 공부를 하고 집에 돌아오는 도중에 너 JJ가 있는 곳에 가볼까 했지만 이내 그쪽으로 발길을 옮기지 못했단다.
그러나 오늘 이렇게 너에게 가보니 정말 흐뭇하구나.
네가 그렇게 열심히 사는데 내가 게을러 질수는 없겠지……
항상 열심히 그리고 항상 아름답게 또 즐겁게, 보람 있게, 활기차게 살자꾸나.
나의 JJ……
이렇게 고요하고 하늘이 반짝거리는 밤에는
고개가 뻐근해지도록
계속해서 하늘을 우러러보는 나.
우리들의 아름다운 별 이야기
순수한 별, 깨끗한 별, 영원불멸의 별
난 지키지…… 넌?

지금도 고등학생이면서 공부와 아르바이트를 병행하는 친구들이 많다.

최저 임금이라는 '밑 빠진 독에 물 붓기' 시급을 받으면서 말이다.

20년 전에도 상황은 마찬가지지만 지금처럼 아르바이트 종류가 많지는 않았던 것 같다.

JJ는 그때 당시 여수 시내에 있는 제과점에서 아르바이트를 했던 것으로 기억난다.

머리에는 삼각형으로 접은 하얀 면 두건을 쓰고 밤색에 하얀 레이스가 들어간 앞치마를 둘렀었다.

JJ 몰래 제과점 앞을 왔다갔다 서성이면서 슬쩍 본 모습이다.

공부를 열심히 하면서도 아르바이트까지 한 JJ의 모습이 정말 예뻐 보였다.

- 버스 창가 -

밤 버스 창가에 앉아
스쳐가는 거리를 바라보면
밤의 눈물들이 웃음 지으면

비 맞은 창가에 붉게 퍼지는
밤 눈물을 바라보면
창틈 새로 스며드는 찬바람을 쏘이면
저 멀리 가뜩 움츠리고 종종 걸어가는
행인을 주시하면
뒷 차의 경적소리에 깜짝 놀라면

무거운 가방을 손에 들고
저벅저벅 걷노라면
신호등의 파란불을
한참 기다리다 보면

무겁고 두꺼운 책장을 넘기다 보면
헝클어진 머리를 쓸며
이불을 걷어차고 벌떡 일어나다 보면

한참을 가방에 매달리어
뛰다보면
어느새 또 다시 만나게 된
버스 창가

이 시는 그때 당시 매일매일 반복되는 일상에 대한 푸념이 들어가 있다.

우리 큰 아이는 이제 중학교 1학년인데 매일 잠이 부족하다. 주말 늦잠 자는 것이 가장 행복한 시간이라고 한다.

아침 6시 30분이면 눈을 떠야 하고 학교와 학원 저녁 12시가 다 되거나 넘은 시간에 아이의 방은 불이 꺼진다. 회사 생활로 비유하면 조출에 야근까지 매일 매일 반복하는 셈이다.

20여 년 전이나 지금이나 교육제도와 병폐는 매년 수없이 반복적으로 도마 위에 오르지만 도무지 해결방안이 나오질 않는다. 그래도 사랑하는 우리 2세들의 고생을 모른 체 할 수는 없는 일이다.

꼭 큰 선물이나 이벤트가 아니더라도 아이들에게 주는 작은 선물이나 따뜻한 메시지가 단비가 될 것이다.

89년 12월 7일 흐림

JJ에게 편지를 다시 받게 되니 참 기쁘구나.

이해하기 어려운 말도 있었지만 나에게는 좋은 뜻으로 해석되어 지는구나.

벌써 2년 전에 시험을 치루기 위해 가슴 조였던 것 같은데
이젠 1년을 남겨놓고 가슴 조이고 있구나.
사실 공부를 열심히 하지 않는 나이기에 더욱 걱정되는구나.
이러면 안 된다는 걸 알면서 자꾸 이렇게 하는구나.
이번 기말고사에서는 꼭 점수를 올리고야 말겠다.
내일도 시립도서관 한 귀퉁이에서 머리를 조이어야겠다.
그리고 너 JJ가 나에게 초라함을 보였다고 했지만
그것은 초라함이 아니라 아름다움 이었단다.

- 소녀와 진실 -

소녀와 진실. 그리고 회상.
난 진실이 무엇인질 모릅니다.
그러나 그것을 한번 본적 있는 것 같아요.
그것을 나에게 보여준 것은 한 소녀랍니다.

아주 크고 동그란 눈을 가진 소녀 말입니다……

그 소녀는 눈물을 흘리며 지우려 지우려고 하였지만 감추어지질 않았습니다.
두 손과 양 볼에 얼룩을 남긴 진실의 결정은 빛나고 말았습니다.

난 그 소녀만을 압니다. 그리고 그 소녀만을 알고 싶습니다.

그 소녀는 무엇과도 바꿀 수 없습니다.

그런데…… 만약 그 소녀가 내 곁을 떠난다면

난 잠지 못합니다.

그러나 내 마음속에 가두어 버리겠습니다.

89년 12월 14일

3일간에 걸친 기말고사가 끝났다.

이번은 성적이 좀 오를 것 같구나.

이렇게 점점 성적이 오르면 얼마나 좋을까

힘을 기울이지 않고 무엇을 바라겠느냐 만은…….

오늘은 한 숨 푹 자야겠다. 그리고 내일아침 새롭게 시작해야겠다.

그리고 내일은 대입이로구나.

이젠 아니 벌써 난 3학년이 된 것 같다.

나의 JJ 오늘밤 꿈속에서 날 찾아와 주겠니?

예전에 그랬던 것처럼

나의 JJ

89년 12월 16일 맑음

JJ 어젯밤 내내 깊은 생각에 잠겼었다.

그것이 무엇인지 알고 싶지 않니?

요사이 친구들이 학생회장에 출마를 권유하는 바람에 마음이 이쪽도 아니고 저쪽도 아니어서 무척 고민했었단다.

이번에 크리스마스 날 너에게 카드를 통해서 묻고 싶구나.

너의 생각은 어떤지……

아무래도 학생회장이 만약 돼버린다면 내자신의 시간을 많이 투자해야 되기 때문에 지금 이렇게 고민을 하고 있는 거란다.

그렇지만 1학기동안만하기 때문에 우리 학교 내 학교를 위해서 한번 뛰어 보고 싶기도 하단다.

아직 내년의 일이지만 아이들이 벌써부터 흔들어 대니까……

나의 JJ 어떻게 생각 하시나요?

89년 12월 17일 맑음
어머니 산소에 갔었다.

벌써 어머니께서 내 곁을 떠나 신지가 10년이 넘었구나!

난 항상 어머니를 느끼고 싶었단다.

나에게 어머니를 느끼게 한 사람 중에 한명이 바로 JJ였으리라.

어머니에게 아버지의 건강 그리고 나의 발전 우리집안의 화목을 기도하였단다.

너무나 일찍 내 곁을 떠나버리셔서 내게는 어머니에 대한 기억이 별로 없구나.

지금 내 곁에 계신다면 흠뻑 효도해드리고 싶은데……

그러고 보면 JJ는 어머니, 아버지 두 분 다 사랑해주시고 사랑하니까 참 행복하겠구나.

오늘따라 무척 따뜻하지만 왠지 움츠러드는구나.

89년 12월 24일

'크리스마스' 라고 발음 될 때면

왠지 즐거워지고 기뻐지고 마음이 들뜨는 것 같구나.

이번 크리스마스는 정말 어떻게 말할 수가 없구나.

우리의 고교 생활의 처음이며 마지막 이었는데 말이야.

지금까지 6개월 약 반년동안 너를 겪어본 지금 어떻게 표현할 수 있을까?

너무나 아쉽게도 헤어졌지만 뒤돌아서서 가는 너에게 약속 잊지 말라는 말 밖에 할 수 없었지만 내 나름대로 크나큰 인내가 필요했었단다.

그 인내는 무조건 참는 인내가 아니라 이 세상 그 누구보다도 그 무엇보다도 소중한 것을 멀어지도록 내버려두는 인내였단다.

그러나 이 고통을 참았으니 후에는 꼭 몇 갑절 되는 즐거움이 내게 있으리라…… 그리고 너에게 있으리라 꼭 믿는다.

나의 JJ 항상 힘들어도 굳게 참아야 해!!

89년 12월 30일 ~ 90년 1월 1일

58초, 59초, 00초 이제 막 89년이 가고 90년이 찾아 왔구나!

열여덟에서 열아홉으로 2학년에서 3학년으로 80년대에서 90년대로 모두가 한 자리씩 진급했구나.

정말이지 말하면 말할수록 생각하면 생각할수록 세월은 너무나 덧없고 빠르기만 하구나.

아마 그것은 흘러간 뒤를 생각함이 아닐까?

이렇게 새해를 시작하는 처음을 도서관에서 보내기도 처음이구나.

또 이렇게 펜을 잡고 있기도 처음이구나.

1990년! 내 생애 중에서 가장 중요하다고들 말하는 1990년!

두 주먹을 꽉 쥐어본다. 나의 목표, 신념, 의지

꼭 해내고야 말리라!

90년 1월 2일

JJ

아무런 말도 하고 싶지 않다.

너무 내 자신을 비관하는 게 아닌 줄 모른다.

그냥 홀로이고 싶다.

   유리창 너머로 갈매기 떼지어

   노래하고 오후의 햇살에 금빛으로 녹는 바다위에

   선창가에 매달려 둥실 거리는 크고 작은 배

   그리고 자유로이 둥둥 거리는 배

   더 높은 더 넓은 자유를 누리는 갈매기

이 모든 것을 아름답게 비추어주는 오후의 빛
등을 뒤로 젖히고 두 손을 어깨위로 쭉 뻗어
크게 한숨 몰아쉬면 머리에는 약간의 개운함
의자는 삐그덕 거리고 여전히 창 틈새로 넘어오는
뱃고동 소리……
배의 울음소리는 기쁨의 소리인가 살려고 발버둥 치는
염원의 소리인가?

90년 1월 5일

 JJ 사람의 성격이라는 것이 참 중요한 것 중의 하나라고 생각하지 않니?

 난 그 사람의 성격에 따라 그 사람의 성공 여부가 달려 있다고 생각해.

 나의 성격은 대체로 변화 다양한 편이지 왜냐하면 친구들에게는 공손하고 그리고 후배들이나 동생들에게는 친절하고 엄격하게……

 그런데 어떻게 보면 항상 활발한 사람이 가장 좋은 성격이 될 수도 있는 것 같아.

 항상 남에게 사랑받고 호감을 얻으니까 말이야.

그리고 또 너무 묵묵하고 말없는 성격은 그렇게 좋게는 보이지 않는 것 같더구나.

난 어떨 때는 꽉 무게도 잡아보고 어쩔때는 푹 풀어버리기도 한단다.

그럴 때마다 내가 영화의 주인공이라도 된 기분이거든

너의 성격은 참 좋은 편이지 아마?

얼마 전 우리 큰아이가 중학교에 올라가서 처음으로 중간고사를 보기 전날이었다.

퇴근해서 아이의 방에 들러 "내일 시험 보는데 공부 잘되니?"라고 물어 본 적이 있었다.

그랬더니 큰 아이는 "응…… 빨리 나가"라고 말하는 것이다.

순간 깜짝 놀랐지만 아이 공부가 방해될까봐 아무 대꾸도 하지 않고 그냥 나온 적이 있었다. 그런데 12시가 넘어 막 자려고 하는 아이 방에 뭘 좀 찾으러 갔다가 아이에게 "불 끄고 빨리 나가"라는 소리를 들은 적이 있다.

참다 못 한 난 "아빠는 공부 잘하는 딸 필요 없어! 아빠는 착한 딸이 더 좋아" 라고 버럭 화를 냈다.

공부도 중요하지만 먼저 사람이 돼야 한다는 철칙을 다시 말하고 싶었다. 딸아이는 눈에 눈물이 글썽했다. 조금 미안하기도 했지만 잘 지적했다는 생각이 들었다. 잘못한 점을 꾸짖지 않으면 그 아이의 버릇은 한없이 나빠지기 때문이다.

다음 날 출근하려고 새벽에 일어났을 때 딸아이의 잠자는 모습을 보고 괜히 미안하다는 생각이 들었다. 그래서 A4지에 미안한 마음을 적은 짧은 편지를 썼다.

아빠가 화내서 미안하고 왜 화냈는지 그리고 '세상에서 우리 딸을 가장 사랑하는 아빠가……'라는 말도 넣어서 말이다.

아침 출근길에 딸아이에게서 반응이 카톡으로 날라 와야 하는데 아무런 반응이 없어 하루 종일 안절부절 했다. 참지 못하고 오후 5시가 조금 넘어서 메시지를 보냈더니 딸아이가 '아빠 편지 읽고 울었어…… 사랑해……'라고 보내는 것이 아닌가!

이럴 때 '아~ 행복하다'라는 말을 하는 것인가?

아쉽게도 그날 큰 아이의 시험 성적은 조금 떨어졌지만 말이다.

난 사랑하는 우리 2세들에게 늘 강조하는 것이 '착한사람'이다.

자주 있는 일은 아니지만 작은 아이가 샤워를 한 뒤 머리를 말릴 때면 드라이어로 머리를 말려주며 이렇게 늘 말한다.

"아이 우리 딸은 머릿결도 참 좋네…… 공부도 잘하는 우리 딸…… 아빠 말 엄마말도 잘 듣는 우리 딸…… 어려운 친구들도 잘 도와주는 착한 딸이지?"라고 말이다.

그러면 작은 딸은 기분이 좋아 "네~"라고 말한다.

딸들에게 좀 더 멋진 아빠가 되기 위해 노력해야겠다.

90년 1월 6일

난 내 생활 중에 가장 약한 곳 그리고 가장 약해보이는 곳이 바로 일기속의 나인 것 같다.

일기를 쓰는 나는 가장 나를 약하게 하는 나이고 가장 자신을 미워하는 나이다.

왜 그러는 걸까? 왜 일기 속에서는 내 자신이 약해질 수밖에

내 딸에게 보여주는 아빠의 첫사랑 일기

없는 걸까?

그것이 나인가? 아니면 날 그렇게 만드는 것인가?

JJ…… 너도 그렇게 생각하지 않니? 일기속의 호형이는 정말 약하다고 말이야……

실제 생활 속에서는 그래도 꽤 강한 것 같은 나인데 일기 속에서의 지금까지 표현을 보면 너무나도 약한 것 같구나.

실제에서도 정말은 약하기 때문일까. 일기는 진실을 밝힌다고들 말하는데……

JJ 난 강해지고 싶다. 그래서 꿈도 무척 크다!

90년 1월 9일

저녁 무렵에 소리도 없이 작은 물방울들이 창문을 적시고 있더구나.

날씨도 따뜻한데 비까지 가늘게 내리니 겨울 속에서 다시금 가을을 맞는 듯한 생각이 드는구나.

JJ 넌 지금 서울에 있을 것이라고 생각되는구나.

서울 어느 곳에서 어떻게 살고 있는지 여러 가지로 궁금한 점이 한두 가지가 아니란다.

사람들이 항상 아쉬울 땐 이렇게들 말하지 '이대로 시간이 멈

추어 버리면 어떻게 될까……'

자기가 자기 자신이라는 것을 인식할 수는 있을까?

그리고 삶을 느낄 수 있을까?

비록 어렵고 힘든 삶일지라도 시간의 흐름 속에서 기쁨을 찾도록 노력하자꾸나.

또 그렇게 살고 싶다.

90년 1월 12일

가장 패기차고 활발하고 시원스러워야 할 18, 19세 나이에 매일 이렇게 한숨만 쉰다니 정말 어처구니없구나.

수학문제 하나 안 풀리면 가슴 갑갑해지고 영어 해석 안 되면 머리 아프고……

아무리 열거해도 나의 아픔은 사라지질 않는구나.

처음부터 열심히 안한 내가 정말 밉구나.

난 내가 한 일에 대해서 절대로 후회 하고 싶지 않다.

요사인 정말 하루가 번개같이 지나가 버린다.

어제 1990년 새해가 어쩌고저쩌고 하더니 벌써 12일이 지나 버렸구나.

10개월도 못 남았다니……

- 오늘 같은 날은 -

오늘 같은 날은

시속에서 음악 속에서

잠을 자고 싶은 날이다

오늘 같은 날은

비 속에서 홀로 이고 싶은 날이다

오늘 같은 날은
바람에 정면으로
도전하고 싶은 날이다

오늘 같은 날은
두 눈을 꼭 감고 아무것도 의식하지 않고

계속 달리고 싶은 날이다

오늘 같은 날은
먼 하늘빛을 보며 이생각저생각에
묻히고 싶은 날이다

오늘 같은 날은
내일을 맞지 않고 싶은 날이다

오늘 같은 날은
있지 않았으면 좋겠다.

90년 1월 14일
JJ!
우연히 친구 승연을 통해서 박경하란 한 학생을 알게 되었다.
난 서슴지 않고 JJ가 내 친구라는 것을 이야기 했단다.
그랬더니 그쪽에서 JJ에 대한 칭찬이 넘치더구나.
그런데 박경하란 학생이 나에게 어떻게 알게 되었냐고 묻더구나.

아주 친한 친구들에게만 너와 나를 이야기 했는데 경하학생과 같이 온 다른 학생이 이상하게 생각하는 것 같아서 너와 나에 대해 이야기 했단다.

역시 부러워하는 눈으로 너와 나를 보더구나.

그런데 한 가지 나쁜 소식을 들은 것 같구나.

그것은 네가 무척 아팠다는 거야…… 그때 내가 너무 쉽게 생각했던 것일까?

병원까지 다닐 정도였다는데……

내가 그런 것 하나 눈치 채지 못하다니 여하튼 이젠 다 낳았기를 바란다.

아직 낳지 않았다면 정말 큰 걱정거리가 새로 또 하나 생기는 것일 테니까……

항상 예기 하는 것 이지만, 너무나 완벽한 JJ

나의 자랑 JJ

90년 1월 18일

친구 성식이 서울에서 내려왔다.

오랜만에 본 성식의 모습은 별로 다른 점은 없었지만 성식의 정신세계는 전 보다는 너무나 많이 변해 있었다.

성식은 자꾸만 인생을 비극적으로 살려는 것 같았다.
성식의 가슴속에는 무엇인가 작은 덩어리가 얼어 있었다.

난 그 덩어리를 녹여버리고 싶었지만 그것은 나의 것이 아니었다.
성식의 것이었다.
아니 내 가슴 그리고 우리들의 가슴속에도 그런 덩어리가 있는지도 모른다.

난 성식에게 말했다. 우리 인생 희극으로 만들자고……

JJ 어제 내가 내려왔다는 말을 들었다.

네가 우리의 12/29 헤어짐이 슬플 정도로 너무나 아쉽게 헤어짐을 걱정함과 같이 나도 무척 괴로워했고 염려했단다.

그러나 우리에겐 다시 만날 수 있는 약속이 있지 않니?

이젠 나에게는 10개월 아니 9개월의 시간이 남아있구나

이번에 난 육사로 나의 진로를 바꾸었단다.

나의 기반을 마련하기 위해서 말이다.

가장 열심히 해야 할 때인 것 같은데 가장 많은 걱정과 불안이 나를 떠나지 않는구나.

나의 JJ

90년 1월 22일

오늘 또 다시 느낀 것이 하나있구나

그것은 다름 아닌 배움이라는 것이다.

어떤 계기가 있어서 특별하게 느낀 것은 아니지만 배움이 곧 사람의 자존심마저 또는 그 사람의 성격마저 좌우할 수 있다는 것을 다시 알 수 있었다.

그러기에 사람은 배워야 하는 것일까?

그리고 안다고 해도 그 알고 있는 양이 다소 적은 경우에도 마찬가지 인 것 같다.

어쩌면 완전히 모르는 것보다 더 좋지 못한 결과를 초래할 수도 있기 때문이다.

이런 말을 자주 들어왔지만 이렇게 내가 스스로 느끼는 것은 처음인 것 같다.

하루하루를 살면서 아무것도 하지 않고 그 하루를 보내고도 아무런 괴로움이나 자기비난을 갖지 못하는 자 이유가 무엇일까?

오늘은 올겨울 들어 날씨가 가장 추웠다고 한다.

난 추위를 예전에는 꽤나 타는 편이었는데 이제는 추위를 별로 느끼지를 않는다.

사람들이 '아~ 오늘은 꽤 춥구나' 하고 나에게 말할 때 그때서야 비로서 난 '그렇게 추운가?' 하고 되묻곤 한다.

나를 춥지 않게 하는 것은 무엇일까? 무엇이 나를 춥지 않게 하는 것일까.

나에게도 따뜻함을 느낄 수 있는 그 무엇이 존재 하였던가?

90년 11월 23일

가끔 가다 JJ의 소식을 듣곤 한다.

집에서 통 나오질 않는다고 하더구나. 그리고 내일부터는 도서관에 갈 예정이라는 말도 들었다.

그래 그래야지 무엇이든 해야지……

만약 공부하지 않으려면 재미있게 놀기라도 해야지.

그리고 놀더라도 그 속에서 학문보다 더 큰 진리나 가치를 찾는다면 그것보다 백배천배 더 좋은 거지……

그러나 그렇게 되기가 보통 쉬운 것이 아니겠지?

난 너에게 항상 끊임없이 노력하자 부지런히 하자 하는 강요자이며 충고자가 되곤 하지만 내 자신에게는 너무나 약한 강요자이며 충고자인 것 같구나.

JJ 왜 난 다름 아닌 내 자신에게 이렇게도 약한 것일까.

차라리 다른 사람에게 약하고 내 자신에게 강했으면 좋으련만……

이 일기장 제목이 '고독이 주는 의미'라는 것을 알고 있겠지?

그런데 과연 그것이 우리에게 주는 의미는 무엇일까?

흔히 철학자들은 '가장 고독한 사람이 가장 강한자요' 또는 '고독은 젊음의 미래적인 힘이다' 라든지 이러쿵저러쿵 말하지만 난 나만의 고독의 의미를 갖고 싶다.

과연 나에게 있어서 그리고 온 세상 모든 사람들에게 있어서의 고독이란 무엇인가?

90년 1월 24일

우리가 헤어짐을 슬프게 만들어 버린 지 벌써 한 달이 지나 버렸구나.

이때까지 이 일기장에는 왠지 내가 잘난 것처럼 기록된 것 같구나.

그래서 오늘은 날 한번 욕하고 꾸짖고 싶구나.

JJ…… 난 담배를 피우며 당구를 치며 싸움을 하며 게으르며 거짓말을 하며 욕정도 무척 지나치며 돈만을 생각하는 그런 사람인 것 같구나.

또 한 번 굳게 결심한 것이 오래 가지 않고 금방 어겨버리는 그런 일관성도 없는 사람인 것 같구나.

어떻게 하면 이 모든 것을 나의 밖으로 내 쫓을 수 있을까?

오늘 이렇게 날 꾸짖어서 내일 날 일으킬 수 있다면 얼마나 좋을까.

담배도 끊는다고 결심하면 정말 작심삼일로 다시 담배를 피우고 있는 내 자신……

당구장도 이젠 그만 가야지 하고선 오늘도 가고……

좀 일찍 일어나야지 하고선 일어나면 벌써 오후……

난 도대체 어떻게 된 아이일까……

내가 왜 자꾸만 어리게만 보이는 걸까?

하는 행동이나 말투, 호기심만 잔뜩 가지고 한순간 한순간을 참아내지 못하고 바보 같은 자식…… 아니 이 바보야!

나에게 이 바보라는 욕으로 만 날 꾸짖고 타이를 수 있는 걸까?

오늘 한 가지 다짐을 하련다.

바로 JJ에게…… 나에게 해가 되는 모든 것을 이기기 위해 널 생각하겠노라고!

90년 1월 29일 맑음

날씨를 '맑음'하고 썼지만 왠지 나의 가슴속은 그렇게 맑은 것만 같은 날씨는 아닌 것 같구나.

한 달 넘게 도서관에서 지냈지만 머릿속에 들어온 것은 무엇인지 거의 기억나지 않는구나.

이렇게 여덟 달을 보내버리면 정말 어떻게 될지 걱정되고 갑갑하구나.

그제는 잠꼬대를 하면서까지 그 무엇을 멀리하고 저항하려고 떨구려고 버둥댔었던 것이 기억난다.

거의 공포로 변할 것 같은 근심걱정이 좀처럼 사라지지 않는구나.

이제 2, 3, 4, 5, 6, 7, 8, 9…… 여덟 달 남았구나.

여덟 달…… 나에게 좀 소중히 가치 있게 다가왔으면 좋겠다.

아니 내가 그렇게 만들어 내야 될 것 같구나.

JJ난 정말 약한 것 같지 않니?

일기에서 9월을 마지막 달이라고 표현한 이유는 그때 당시 육군사관학교나 공군사관학교, 해군사관학교의 시험이 9월에 있었기 때문이다. 지금은 세월이 많이 변해 사관학교가 직업 1순위는 되지 않았지만 적어도 아버지께서는 내가 사관학교에 들어가기를 바라셨다.

형님은 검판사가 되기를 바라시고 대학도 법학대학을 보내셨다. 물론 형님이나 나나 둘 다 모두 아버지의 뜻대로는 되지 않았지만 말이다.

그래도 형님은 산전수전 많은 고생을 한 끝에 보험 회사를 하나 차려 남부럽지 않게 살고 계신다.

형님이 성공하시어 집안 경조사에서 목소리도 커지시고 이런저런 잡다한 일들을 말없이 홀로 다 챙기시는 모습을 보면 늘 감사하게 생각하고 있다.

90년 2월 4일

 어느새 1990년의 한 달이 넘어가고 둘째달이 되는 날이구나.

 창밖에는 하루 내내 소리 없이 대지와 초목과 거리를 적시는 겨울비가 옅구나!

 내일이면 개학…… 방학 내내 궁금했던 친구들도 다시 보게 되고 선생님들도 다시 만나 뵙게 되어서 한편으론 기쁘기도 하지만 그냥 흘러버린 것 같은 방학시간이 너무나 아쉽구나.

 JJ 어쩌면 기숙사에 들어갈지도 모르겠다.

 왠지 그곳에서 한번 몰두해 보면 잘 될 것 같기도 하는 예감 때문이랄까?

 어찌됐든 날씨가 좀 풀리면 기숙사 생활도 한번 생각해 보련다.

 정말 하루하루를 너를 잊고 지낼 수가 없구나.

 요사이 몸은 어떤지 무척 궁금하다.

 이렇게 내 마음을 이 일기장에 적으면 나의 마음이 너에게 전해질 것 같구나.

 또 이렇게 몇 자씩 적노라면 너에게 당장이라도 뛰어가고 싶은 마음이다.

- 그리~움 -

무엇 인가요
두 눈을 감게 하는 건
무엇 인가요
감긴 두 눈에 슬픔을 적시는 건
무엇 인가요
두 볼에 차가운 느낌을 주는 건

그대 두 손 잡고 싶지만
두 눈을 감은 채론 도저히
잡혀지질 않네요
그러나 난 느껴요
그대 다정한 두 손을

약속은 잊지 말아요!
그대 뒷모습에 외쳤지만
그댄 느끼지도 않고 멀어지네요
잡지는 않았지만
약속은 잊지 않았겠죠?
떠나는 그대의 그림자는 너무나도
따뜻하네요!

90년 2월 5일

방학동안 내내 만나지 못했던 친구들의 여러 가지 표정을 보니 참으로 반가웠다.

변함없는 친구들을 대할 때마다 더욱 깊은 우정과 사랑을 느끼곤 한단다.

그러나 예외적으로 몇몇 친구들은 얼굴을 가득 찌푸린 채로 미소 띠울 줄 몰랐다.

앞으로의 일들이 무척이나 걱정되고 고민스러운 모양이었다.

나도 그런 상태에 놓여 있지만 되도록 친구들 앞에서는 나의 그런 모습을 보이고 싶지 않았단다.

이 세상에 변함없는 것은 어떤 것이 있을까?

그것이 악한 것이든 아니면 선한 것이든 간에……

아무리 생각해도 떠오르지를 않는구나……

사랑? 아니야 사랑은 너무나 변심꾸러기 같아……

자연? 연인? 우주?

아니야! 변함이 없는 건 정말 없는 것 같구나.

그러나 항상 나쁘게만 변하는 것은 아니잖아?

JJ 나 지금 노래하고 싶다.

이 세상 모든 아름다움을……

- 난 구름입니다 -

나는 그대를 생각하면
마음이 푸르게 부프릅니다
그래서 난 하늘을 나는 구름이 됩니다

그대가 이 세상 어디에 있는지
난 볼 수 있습니다
그러나 그대는 날 찾지 못합니다

그대가 목이 마르거나 구슬땀을 흘릴 땐
난 그대위하여 그늘을 내립니다
어쩌다 그대가 하늘을 보면 나는 얼른
햇님께 부탁드려 아름답게 치장하여
그대 앞에 나섭니다

그러나
그대가 날 외면하면
난 온 세상이 떠나도록 울부짖고
세상을 저주합니다

90년 2월 8일 비

대지를 촉촉이 울리는 가느다란 빗줄기가 이 세상을 찾아오는 날이었다.

JJ 친구들로부터 너에 대한 이야기를 자주 듣는다.

어디에서 몇 시에 봤다는……

너무 늦게 돌아다니는 것 아닌가 생각 되는구나.

벌써 개학한지 3일이 지났는데 하루도 계획대로 했던 날이 없는 것 같구나.

오늘은 꼭 그렇게 한번 해보아야겠다.

이렇게 까지 일기장에 이런 말을 쓰고 하지 않는다면 그것은 완전히 나 자신까지 저버리는 일을 하는 것인 아닌가 생각된다.

지금까지 나 자신을 속이거나 저버리는 적은 몇 번이나 되는지 너무 많아서 도저히 셀 수가 없는 것 같구나.

스텐드 아래 너의 선물이 보이는 구나.

내일부턴 항상 몸에 지니고 다녀야겠다.

그래야 한번이라도 더 자제할 수 있을 테니까.

90년 2월 14일

사랑의 밸런타인데이!

정말 즐겁고 유쾌한 하루임을 되새겨본다.
약 두 달 만에 JJ도 다시 만나게 되고
또 초콜릿도 받게 되니 정말 감격에 복받칠 정도였다.
너에게 가까이 있게 되면 왜 이렇게 행복을 느끼는지 잘 모르겠다.
너의 모든 것이 내 마음에는 꼭 와 닿는구나.
그리고 JJ는 사람 애간장을 완전히 녹여버리는 소질도 갖고 있더구나.
초콜릿 하나 가지고 사람을 죽였다 살렸다 하니 말이야.
그리고 촌스럽게 편지를 쓸려면 예쁘고 아름다운 말 좀 쓰지……
'다들 주니까 준다'고?
두고 보자……
3월 14일을 기다려라 요놈!
그래도 정말 푸른 하늘 높이 날 것 같은 날이었다.

90년 2월 16일
사람의 마음을 아주 정확하게 표현할 수 있는 것은 무엇일까?
언어일까? 문자일까?

아니면 다른 어떤…… 행동일까?

오늘 수업시간 도중 한 선생님으로부터 '사랑은 왜 사람의 마음을 애타게 하는 것일까'라는 질문에 아무런 대답할 할 수 없었단다.

JJ 선생님께서 말씀하시더구나! "사랑하는 사람의 진실을 알지 못하기 때문이다."

정말 맞는 말인 것 같지 않니?

JJ는 아마도 무엇인가 걱정하는 것 같더구나.

그것은 JJ와 내가 너무 가까워 질까봐 걱정하고 있는 것이 아닐까?

그런 것은 걱정하지 말아라! 왜냐하면 우리는 사랑하는 친구이니까

내가 항상 널 생각하듯이 너도 날 항상 생각하는 그런 친구 말이야……

항상 늘 언제나 하나님께서 JJ를 돌보아 주시기를 진심으로 바라며……

나의 친구 JJ……

- 소녀의 미소 -

소녀의 마음과 내 마음이 얼룩질 때면

소녀는 항상 얕고 희미한 미소를 보였다

소녀의 마음을 하얗게 볼 수 있는 미소는 나에게 작은 희망과 시작을 준다

소녀의 미소가 파아란 칠판의 하얀 글자들 사이에서 날 보며 외치고 있다

소녀의 미소

이 세상의 종말이 올지라도 잊혀 지지 않으리라······
소녀의 미소의 한 구석에 맺혀있는 얼룩들
소녀를 주름지게 하는 그 얼룩들을 나의 일기로 지우고 싶어라
소녀여~ 그 미소 영원히 간직 하여라
소녀의 미소 영원히 간직하고 싶어라

90년 2월 18일

항상 내 마음을 가라앉히는 것 중의 하나가 바로 빗소리란다.

빗소리에 가만히 싸여 있으면 머릿속이 깨끗해지는 것 같고 내 몸과 마음이 깨끗이 씻겨 지는 것 같단다.

그리고 더욱더 좋은 것은 비가 나를 위하여 아름다운 리듬도 준다는 것이란다.

투두둑 툭툭······ 투투두 툭툭······

하루 온종일 빗소리만 듣고 있으면 지루하지 않을 것 같구나

JJ 오늘 머리를 완전 삭발해 버렸단다.

내 자신이 정말 못생겼다 할 정도로 말이야······

내 스타일을 완전히 바꿔버려야겠다고 생각했거든

이젠 주름이나 잡는 그런 바지는 싫어졌단다.

편하고 활발한 청바지에 너덜너덜한 운동화로······

항상 걱정하는 것은 언제나 오늘만 오늘만하는 나의 성격이란다.

지금 부터는 그런 점을 멀리하기 위해 최선을 다해야겠다.

그리고 달라진 나의 모습을 누구에게나 보이고 싶다.

머리를 삭발했던 기억이 아직도 생생하다. 처음에는 군인 스타일로 짧게만 깎으려고 했지만 이왕 마음먹은 것, 까까머리로 확 깎아버리기로 했다. 동내 이발소에서 머리를 깎는 동안 눈을 감고 있다가 아저씨의 "다 됐다. 마음에 드나?"라는 말에 눈을 떴는데 정말 깜짝 놀랬다. '유명 탤런트들은 머리를 깎아도 멋지던데······ 난 탤런트는 안 될 운명인가 보구나' 하고 생각했었다. 거울에 비친 내 모습은 거의 조폭출신이었다.

90년 2월 19일

학교에 들어서자마자 이 친구 저 친구들이 모두들 한마디씩 나에게 해 주었단다.

어디 영화에 출연하게 되었냐? 배우하러 가냐? 형무소에서 언제 나왔냐? 등등

선생님들께서도 이만저만 놀라시는 것이 아니었단다.

내 딸에게 보여주는 아빠의 첫사랑 일기

JJ 이렇게 머리만 깎고 아무 일하지 않아 버리는 것이 아닌가 모른다.

 자주 자신이 없어지는 것 같아서……

 나는 잠자는 것을 참 좋아 한단다.

 잠을 자면 꿈을 꾸거든 꿈속에서 난 자유롭단다.

 때로는 무섭고 괴로울 때도 있지만……

 항상 생활하는 것이 꿈과 같이 행복의 연속이라면 얼마나 좋을까?

이번 결심만은 오래오래 지속되어야 될 텐데……
오늘은 새벽 3시까지 한번 버터 보겠다.
할 수 있는가…… 없는가를 시험해 보고 싶다.
나의 지금의 심정을 어떻게 표현할 수 있을까?

3. 4. 5. 6. 7. 8. 9
7달 → 너무 적다
난 천재인가? 할 수 있을까?
두렵다 겁난다!
내 생전에 이렇게! 이렇게! 떨리는 건 처음이다!

대학입시를 앞둔 아이들의 마음이 얼마나 불안의 연속인지 아마 부모들은 잘 모를 것이다. 난 지금에서야 20여 년 전 일기를 다시 보니 내가 그때 그렇게 불안과 초조의 연속이었다는 것을 새삼 느낄 수 있지만 말이다. 내 딸아이가 물론 대입을 앞두지는 않았지만 시험이 다가오거나 성적이 안 나올 때는 얼마나 불안해할까라는 생각이 든다.

오늘 밤은 말없이 열심히 공부하는 딸아이의 어깨에 손이라도 한번 얹어야겠다.

사춘기 시기는 한마디로 불안과 초조의 연속이라고 해도 과언이 아니다.

불투명한 진로와 학교 시험…… 거기다 친구들과의 사이…… 그리고 부모와의 사이……

이런 만큼 이 시기는 아이들의 방황과 탈선도 가장 많은 때이다.

아이들은 세찬바람과 미친 듯이 닥쳐오는 파도와 매일 매일을 정면으로 싸우고 있는 것이다.

이런 시기를 정말 잘 견디고 싸우며 이겨내기만 하면 대학교에 들어가게 되는데 그 과정이 너무난 험난한 것이다.

오늘부터 대한민국 부모들은 아이들의 불안해하는 마음을 적어도 이해할 줄은 알았으면 한다.

야근 보다 더 힘든 공부를 365일 하고 있으니 말이다.

90년 2월 23일

아침과 오후를 차갑게 적시던 비도 이제는 제풀에 죽어 고요만을 만들고 있구나.

이 세상에는 사람이 들을 수 있는 소리와 그렇지 못한 소리가 있음이 분명한 것 같구나.

오늘은 학교 점심시간에 문득 그런 생각이 들더구나!

창문 밖으로 손 뻗으면 닿을 듯한 산……

그 산봉우리를 감싸며 또는 스치며 지나는 듯한 안개와 비 그리고 구름……

가만히 바라보면 그 속에서 무엇인가 춤을 추는 듯한 영상이 만들어진 다음 나에게 들려오는 것 같은 이상하고 야릇한 소음……

무슨 소리일까?

이제야 다시 생각해보니 그것은 환청임에 틀림없는데… 내가 만들어낸 환청이리라……

그 무엇인가를 동경하면서……

- 겁쟁이 -

친구야 넌 알고 있니?

내가 얼마나 겁쟁이인줄……

주위를 기울려 두 눈을 감고
세상을 다시 생각하려 하면
그만 캄캄해서 말이야
금방 눈을 다시 떠야만 한단다
그렇게 눈을 감고는 한시도 있지 못하겠거든!

두 눈을 열심히 일하게 하려하면
금방 눈에는 핏줄이 서고
방울방울 눈물이 고인단다
난 부끄러워 두 눈을 가리지만
나의 자그마한 손은 부들부들 떨어버린단다
그래서 두 손은 호주머니 속에 파묻고
고개를 숙여 눈물을 안 떨구려고
안간힘을 쓴단다

그런데 말야
아무도 보지 않을 때
언넝 눈물을 훔친단다
그리고 나의 마른 입술을 지긋이 깨문단다

그런 다음 네가 알까봐 부끄러워한단다

90년 2월 24일
오늘은 아주 특별한 날이었다.
이젠 진짜 3학년이 되는 날이다.
새로운 친구들 새로운 교실 그리고 선생님…… 모두 마음에 들었다.
마음에 들지 않는 것은 하나도 없었다.
모두가 가슴에 꼭 와 닿았다.

이렇게 가슴에 꼭 와 닿은 적은 아마도 처음이 아닌가 한다.

무엇인가 나는 안도의 한숨을 돌리는 것 같았다.

선생님도 형님 같은 생각, 선배님 같이 다정한 첫인상 그리고 아주 엄격함을 뒷 줌에 숨기고 있는 듯함을 느낄 수 있었다.

앞으로 나에게 이 모든 것이 어떻게 심어질 줄은 정확히 단언하지는 못하지만……

그 모든 것들을 아름답고 진실하고 슬기롭게 받아들이고 싶다.

90년 3월 1일

이제 내일이면 또 새로운 학년이 나에게로 흘러오는구나.

이번 학년은 정말 중요하다고들 하는데 그 중요성이 나에게는 얼마나 가까이 느껴지는 줄 잘 모르겠다.

오늘 너에게 전화를 받고 얼마나 가슴이 떨리는지 말끝마다 목소리는 떨리고 가슴은 도무지 가만히 있질 않더구나.

왜 그랬을까?

아마도 그것은 나 자신이 충실하지 않은 상태에서 너의 목소리를 느꼈기 때문이 아닐까……

지금 내 책상위에는 여러 가지 잡다한 책과 사전 그리고 연습장들이 놓여 있지만 그것들이 나의 눈 안에 들어와서는 한가지로 변해버리는구나.

그것은 아무 모양도 없는 그저 '후~' 하는 음성뿐이구나……

하루 종일 비가 거리와 숲과 마당을 그리고 하늘마저도 울게 하는구나……

나도 울고 있는 것은 아닐까?

아니야 난 울 수도 웃을 수도 없구나……

JJ 날 항상 응원해 주는 JJ……

내가 왜 이렇게 어릴까……

90년 3월 3일 맑음

7평 남짓한 마당에 서서 오래전에 어두워진 하늘을 보았다.

하늘 저편에 조그마한 별들이 빛을 뿜고 그 옆에는 아주 눈꺼풀을 닮은 환한 달이 웃고 있었다.

그대로 하늘을 바라본 채 몇 바퀴 빙글빙글 돌아보니 약간은 어지러운 듯 했으나 내가 어디론가 그러니까 하늘 깊은 곳으로 빨려 들어가는 것 같아서 재빨리 돌기를 멈추었다.

내가 보았던 어렸을 때의 하늘은 그냥 깨끗하고 파랗고 맑기만 했는데 이젠 저 하늘이 나를 무섭게 떨게 하고 도저히 더 오래 볼 수 없도록 되어버린 것 같다.

나의 하늘 그 어렸을 때의 하늘이 너무 그립다.

난 그때 그 하늘을 가리키며 이 세상 모든 사물을 그리곤 했는데……

난 항상 우울할 땐 어디엔가 기댄 체 가만히 눈을 감는다.

그러면 조금이나마 가라앉는 나의 마음을 느낄 수가 있고 잠시 후에는 그 마음을 다시 일으켜 세울 수 있는 힘도 얻을 수 있으니까……

그런데 지금 내가 눈을 감고 있는 것은 그 하늘을 느끼고 싶지 않기 때문인 것 같다.

내가 고등학교까지 살았던 집은 방 두 칸짜리 전셋집이다.

구불구불 골목길 한쪽에 녹색의 철 대문이 달린 집인데 오래된 문은 여러 번 페인트를 덧칠했고 열고 닫을 때마다 '끼~익 끽' 하는 소리가 났다.

80년대 전형적인 서민들이 사는 주택으로 주인집은 기와가 얹어져 있고 넓은 마루가 있었지만 우리 집은 슬레이트 지붕에 방 두 개, 작은 부엌이 전부였다.

주인집과 문간방 집까지 합쳐 모두 네 가족이 모여 살았는데 지붕이 서로 연결돼 있어 고개를 들어 하늘을 보면 액자 모양의 큰 사각형에 하늘이 담겨졌다.

7평 정도 되는 마당 한쪽에는 오래된 우물이 있었는데 여름철 어머니와 누님들이 등목을 쳐주던 기억이 생생하다.

동그랗게 쌓아진 우물 벽에는 갈색 플라스틱 두레박이 항상 달려 있었다.

우물 안쪽을 보면 돌 틈 구석구석에 세월을 품은 이끼들이 구석구석 자리를 잡고 있었다.

맑은 날 우물 안에는 또 하나의 작은 세상이 있었다.

맑은 거울이 된 우물물 안으로 파아란 하늘과 하얀 구름이 떠갔고 우물을 들여다보고 있는 검은색 실루엣의 내 그림자가 선명했다.

우물물 안을 들여다보고 '야~' 라고 소리 지르면 저 쪽 우물물 안의 검은 실루엣의 친구가 '뭐~'하고 바로 답하는 듯 했다.

지금 그 우물물이 그대로 있는지는 모르지만 만약 그대로 있다면 그 우물물 안의 실루엣 친구를 다시 한 번 불러보고 싶다.

- 상실 -

이젠 턱을 개고 있을 만한
힘도 없다
크게 들이마셨다 뱉을 수 있는
신선한 공기도 없다

온몸에 힘이……
가슴이 뭉크러져 버리고
팔과 다리가 구부려 진다
등줄기를 따라
무엇인가 기어가는 것 같다
내손이, 손가락이 펴지질 않는다

고통이 흐른다

두 눈에서 나와 내 귓불을 적신다
누군가가 나의 안에 있는
모든 고통을 빼앗으려는 것 같다
난 빨리 주고 싶다

그러나

그런 다음에 난 또 무엇을
빼앗길까

- 슬픔 고통 -
슬픔을 표현하는 것은
고통을 말하는 것은
지금 내가 슬픔이요
괴로움이다

슬픔을 말하는 것은
고통을 표현하는 것은
지금 내가 침묵함이요

숙연함이다

슬픔이 말해지는 것은
고통을 말해버리는 것은
내가 위로받기 위함이요
위로하기 위해서다

슬픔이 없어지는 것은
고통이 사라지는 것은
내 생이 끝남이요
내가 無 임이다

그러나
슬픔을 씹는 것은
고통을 삼키는 것은

나를 사랑함이요
내가 존재함이다

  시를 쓴다는 것은 자신의 마음을 도저히 표현할 수 없을 때 쓰는 아주 좋은 수단인 것 같다.
  시는 시를 쓰는 사람의 마음을 가장 잘 함축하고 있으며 시를 읽는 사람은 수백 수천가지로 해석할 수 있고 공감할 수 있기 때문이다.
  물론 고등학교를 졸업한 뒤로는 한 번도 제대로 시를 써 본적이 없다.
  시를 쓰지 않는다는 것은 그만큼 현실에 얽매여 사는 것 같다는 생각이 든다.

90년 3월 4일 일요일 맑음

바람이 자꾸만 현관문을 두드린다.

이렇게 일기장을 펴고 오늘은 무엇을 쓸까하고 생각중이면 나의 주위에 있는 모든 소리를 내안으로 감지할 수 있다.

책상 구석에 있는 탁상시계의 째깍거림도 뒷골목에서 연이어 짖어대는 강아지의 울음도 멀리 도로에서 아주 조그맣게 들려오는 경적소리도 책상위에 종이들이 스쳐지는 소리도 어떤 소리는 계속 들리는가 하면 어떤 소리는 아에 없어져 버리기까지 한다.

그렇지만 영원히 사라지는 것은 아니다.

그리고 항상 들리는 것은 JJ의 음성, 얇은 미소가 지금도 내 귓가에는 들리는 것 같다.

오늘따라 JJ가 더욱더 보고 싶구나.

같이 걸으며 이야기 하고 싶구나.

한 달에 한번 두 달에 한번 일 년에 한번

이러다가……

생각하기 싫다.

JJ 넌 지금 무슨 생각을 하고 있니?

3월 10일 월요일 맑음

며칠 동안 일기를 쓰지 못했다.

아니 그럴만한 시간이 없었던 것 같다.

처음으로 웬만큼 공부했다고 생각되는 것 같다.

JJ 너를 만나야 할지 여러 번 망설였단다.

역시 널 만날 수밖에 없다고 생각했단다.

왜냐하면 네가 준만큼의 이상을 주고 싶기 때문이란다.

정말 요사인 하루가 너무나 빠르게 지나쳐버리기 때문에 피곤하기도 하고 많이 지치기도 한단다.

그렇지만 항상 그때마다 다시금 주먹 쥐고 뛰려고 노력했었단다.

항상 늘 언제나 너를 기억하면서 말이야

널 생각하면 언제나 미소를 이끌어 낼 수가 있거든!

나의 미소 JJ

90년 3월 11일 일요일 가끔 비

약 한 달 만에 JJ를 다시 만나게 되니 무척이나 기뻤단다.

달라진 나의 모습(외면)을 보고 꾀나 웃었지만 난 그렇게 우습지가 못했던 것 같다.

왜냐하면 겨우 우리는 30분밖에 같이 있지 못했기 때문이랄까?
아니다 그렇지 않을 것이다.

1분만이라도 같이 있었다하더라도 별 차이는 나지 않았을 것이다.

내가 지금 무엇을 쓰려는지…… 잘 모르겠다.
어떻게 표현을 해야 될지……
여하튼 오늘은 그렇게 즐겁지 못했던 것 같다.

예전에는 JJ만 같이 있으면 항상 편하고 포근했는데 오늘……
아니 언젠가부터 좀 힘이 든다.

왜일까?

어쩌면 서로를 너무 의식해서일까? 우리는 가끔 생각한다. 서로에게 서로가 너무나 과분한 상대라고…… 그러나 그렇지 않은 것 같다. 적어도 내가 생각하기론 너무나 잘 맞는 상대인 것임에 틀림이 없다.

화이트데이를 대신해서 오늘 사탕을 건네주었다.

꽤나 부담을 느끼는 JJ에게 떠밀 듯이 강제인 듯이 내밀었다.

항상 다정스러운 JJ가 내가 무엇인가를 주려고 할 때 거절하려고 하거나 부담스러워하면 내 가슴은 뭉크러진다.

오늘 JJ에게 말했다.

이젠 연락하지 않겠다고…… 그러나 잠시 동안이다. 내가 어떤 것을 달성하고 난 후에는 다시 꼭 JJ를 찾겠다.

생각해보라 세상의 연인들이여…… 한 달에 30분이란 얼마나 짧은 시간인가를 그러나 얼마나 사랑스러운가를……

나는 아직 JJ에게 사랑이라고 말하지 않는다. 그러나 그 시간들은 사랑이라고 말하고 싶다. 왜냐하면…… 아름답고 찬란하고 행복한 의미와 이야기들을 포함하고 있으니까!

이젠 내 자신과의 싸움만 남았다. 그 누구와도 싸울 필요가 없다. 오직 나와 싸워야 한다.

　가장 이기기 어렵고 힘든 상대다. 그래서 그만큼 겁도 나고 두렵기도 하다.

　그렇지만 나 그 싸움에서 이기고 싶다. 이겨야 한다!

　그래야 나에게 꿈이 녹아 들것이 아닌가……

- 그대는 거울이요 -
난 사랑 찾아 떠도는 나그네
그러다 어느 날 한 예쁜 거울을 보았지요
아주 투명할 듯 반사시키는
나의 가슴을 보았습니다.
그 가슴은 두근거리고 있었습니다.
너무나 깨끗하고 영롱한 거울은
나의 입김을 반사시킬 정도입니다.

이어서 난 그 거울 앞에서
이러쿵저러쿵 날 다듬었습니다
그 거울은 여전히 날 비추고 있었습니다
내가 웃으면 따라 웃었고
내가 찡그려보면 또 그렇게 하였습니다
그러나 거울 속에 있는 건 내가 아니었습니다
나의 허물이었습니다

난 나의 허물을 벗어던지고
이젠 그 거울 앞에 나섭니다
그 거울은 살아있었습니다

날 잡아당깁니다 난 빠져들어갑니다
이젠 영영 나오지 못할 것 같습니다
그 속에서 살고 싶습니다

- 새벽과 그 후 -
새벽을 거닐면서
한치 앞을 분간 할 수 없어
마음 상해했다

눈을 감고 걸으면
어느새 감싸는 불안과 공포
다시 눈을 떠야만 한다
그렇게 날 떨게 하는 곳에서
벗어나야 한다

밤새내린 이슬에
길가의 진달래마저도
오늘 같은 날은 희미한
찬란함마저도 찾을 수 없다

힘들게 힘들게
한 걸음 한 걸음 딛을 때마다
온몸을 눌러오는 세상에
그냥 밑에 깔려
울어 버리고 싶은 생각이다

그러나
곧 아침이 되면
내가 사랑하는 사람들을
만나게 되지 않는가?

90년 3월 25일 일요일, 바람
내일 모레면 3학년 첫 시험을 치르게 된다.
 나로서는 이렇게 시험 보게 되는 날을 하루하루 세어가며 얽매이기 싫지만 현실에 굴복할 수밖에 없는 인간이기 때문에 다른 수 가 없는 것 같다.
 마음먹는다 치고 머리를 삭발 하던 때가 벌써 한 달이 되었다.
 나로서는 내 나름대로 열심히 한다고 했지만 무슨 발전을 보았는지는 모르겠다.

　모두가 말한다 꾸준해야 한다고…… 나도 물론 인정한다. 내가 내 자신에게 당당하리만큼 성실하지 않았음을……

　그래서 더욱 걱정되는 것이다.

　JJ 가끔가다가 이런 생각을 한다.

　너와 같이 사람들의 시선을 받으며 걷는 생각.

　우리는 더할 나위 없는 행복으로 가득 차 있고 세상은 밝기만 한……

　난 그런 것을 생각하면 항상 새로운 마음가짐을 갖게 된단다.

　오늘도 다시 새롭게 하련다. 내일을 위해서……

90년 3월 28일

　시험을 보았었다. 정말 내가 한 대로 성적은 나왔다.

　중요 과목 중 수학은 그런대로 발전을 보았지만 영어는 발전을 볼 수가 없었다.

　시험보기 전날에도 하루에 여러 번씩 마음이 바뀌었다.

　기분이 좋았다가 나빴다가 그러니…… 더 이상 서술하고 싶지 않다.

　이젠 확실히 노력의 결과를 알았으니 그것을 더 키우고 발전

시켜야겠다.

지금 밖에는 비가 내리고 있다. 비가 지붕을 두드릴 때마다 나의 가슴을 두드리는 것 같다.

가슴이 이렇게 자꾸 맞다가는 부어버릴까 두렵다.

그런데 난 왜 여기서 두렵다는 단어를 자주 쓰는 것일까?
언제부터인가 난 겁쟁이가 되어 있었는가?

90년 4월 5일 식목일

하루 내내 집안에 있었다. 특별히 한일도 없었다. 난 너무나……

지금 내가 쓰고 싶은 말은 괴롭다든가 아니면 슬프다든가 귀찮다든가 아니면……

후우~~

한숨이 길게 터져 나온다. 학교에서 가만히 공부를 하다가도 문득 이런 생각이 든다.

자꾸 어디론가 내가 떠나고 싶다는 생각…… 이곳을 떠나 내가 하고 싶은 일, 내가 만나고 싶은 사람, 내가 가보고 싶은 곳을……

그런데 딱하나 나를 방해하는 것이 있다. 그것은 다름 아닌 현실이다. 나는 자꾸만 이 현실로부터 벗어나려 한다. 아주 멀리 떠나버리고 싶다. 그런데 난 그렇게 하지 못한다. 언젠가 난 큰 다짐을 했다. 물론 내 자신과의 다짐이었다. 그런데 어떻게 할까…… 난 지금 불행하게도 내 자신에게 지고 있는 것이다. 난 내 자신의 약점을 하나 들 수 있다. 그것은 의지력이 너무 약하다는 것이다. 더 이상 다른 변명은 늘어놓고 싶지 않다. 내 자신에게 동정을 요구할 수는 없지 않는가!

'육군 사관학교'

저절로 방금 웃음이 나와 버렸다. 아마도 내 사진이 나를 비웃는가 보다. 만약 다른 사람이 비웃었다면 난 그 사람을 그냥 두지는 않았을 것이다. 그런데 지금 나를 비웃고 있는 것은 바로 나 자신이기 때문에 어떻게 해야 될지를 모르겠다.

내 자신이 나를 자꾸 미워하고 비웃고 깔보고 시기하는 것이 왜인지……

나는 날 영원히 이기지 못하는 것일까? 영원히 내 자신으로부터 패배자가 되고 마는 것일까?

이기도록하자! 날 이기도록 하자! 그 어떤 고난이 괴롭혀도 이기자! 꼭 이기자!

90년 4월 22일
봄비가 아주 자주 세상을 적신다.

왠지 나의 가슴도 세상과 같이 젖어 드는 것 같다. 이렇게 자꾸만 젖어들도록 내버려 두다가는 어쩌면 봄 빗속에 빠져 영영 다시는 나오지 못할 것 같은 생각에 문득 가슴이 멍하다. 난 교실 창밖에 작은 클로버 잎을 생각한다. 봄비가 아주 심술궂게 세상을 적시고 있을 때였다. 작고 가느다란 클로버 잎은 절대로 쓰러지지 않는다. 가끔씩 힘에 겨워 친구에게 기대기도 하지만 이내 혼자 힘으로 일어서곤 한다. 저렇게 작은 생명도 굽히지 않는데 나는 왜 이렇게 굽히려고만 하는가? 나에게 기댐을 허락해줄 그런 친구는 없는가?

....

잠시 동안 침묵에 잠겨 있었다. 방금 어떤 것을 다시금 깨달았다. 그것은 내가 지금 자꾸만 누구에게 의지하려고 한다는 것이다. 그래서는 안 된다. 내가 내 힘으로 일어서야 한다.

그 속에 젖고 싶지도 않고 빠지고 싶지도 않다.

90년 5월 4일

내가 만약 목표에 도달하지 못하고 어디론가 떠나려고 할 때 그냥 무조건 아무 소리 없이 떠나 버리지 않고 누군가를 구하고 찾을지도 모른다.

왜냐하면 '날 붙잡아 주세요' 라고 말하고 싶기 때문이다.

90년 5월 7일

형과 누님과 함께 집에 돌아오는 길이었다.

예기치도 못하게 지나가 버린 한 사람이 있었다. 난 어쩔 줄 모르고 멍하니 걷기만 했다.

나의 그리운 JJ였다.

난 가슴으로 크게 불러 두 손을 꼭 쥐고 웃음지어 주고 싶었다. 그런데 난 그렇게 하지 못했다.

지금 갑자기 비가 억수같이 쏟아진다. 번개와 천둥도 하늘을 가르고 있다. 아마도 나의 찢어질 듯한 가슴이 하늘을 울게 하는가 보다.

너무나 오랫동안 보고 싶던 얼굴이었는데 그렇게 어둠속에서 스쳐 가버리다니……

그런데 왜 나의 JJ는 항상 슬픔 띤 얼굴을 감추지 못하는지 왜 나는 그렇게만 보이는지……

그래서 항상 난 더 따뜻해지고 싶다.

그런데 지금 시간이 허락해 주질 않는다. 이럴 땐 시간이 정말 밉다.

90년 5월 9일

하루 내내 두통에 시달렸다.

부끄럽기도 했지만 정말 힘든 하루였다. 가끔가다 이렇게 깨질 것 같은 두통에 시달린다. 오늘은 좀 지나쳤던 것 같다.

일찍 조퇴를 하고 집에서 약을 먹고 한숨 잔 뒤에야 괜찮아졌다.

오늘 아주 큰 어쩌면 불행이라고도 말할 수 있는 일이 있었다. 공군사관학교에 지원은 자격이 미달된다는 것이다. 시력이 아주 나쁘기 때문이다. 언제부터인가 나빠져 버린 시력이 이렇게 큰 결과를 초래해 너무나 안타깝다.

그래도 아직 육사가 있으니 최선을 다해야겠다. 주위에서 나에게 거는 기대가 너무나 크다.

그럴 때면 부끄럽기까지 하다. 지금 이 시간부터라도 한자 한자 더 열심히 해야겠다.

- 얽매인다는 것은 행복하기 위한 조건 -
어떤 사람이 다른 사람들로부터
기대와 사랑을 받는다는 것은 행복한 일이 아닐 수 없다
그러나 그 만큼 불행하다고도 할 수 있다
그 이유는 어떻게 말해야 될까?

아마도 항상 그 사람들에게 기대된 행동만을 보여주어야 되고
보이지 않게 무엇인가 얽매이기 때문인지도 모른다
그러나 차라리 내 자신에게 얽매이는 것 보다는 더 나을 줄도 모른다
그리고 그 누구에게도 억매이지 않는다면
그것은 최악의 불행이라고 단언 할 수도 있다

90년 5월 14일

어제는 어머니 기일이었으며 오늘은 할아버지 기일이다.

어머니의 손길은 그때 너무 어렸기 때문에 기억이 거의 희미하다. 이 세상에 살면서 가장 부러운 것 중의 하나가 어머니를 갖지 못하고 있다는 것이다.

어머니에게 '내 자신을 잘 다스릴 수 있는 힘을 주세요' 하고 부탁드렸다.

그런데 어머니께서 잘 듣지 못하신 모양이다.

한 가지 기억 속에 지워지지 않는 것이 있다. 어머니께서 서투신 솜씨로 내 머리카락을 자르시다가 그만 실수로 내 귓불을 약간 베신 것이다.

네모난 반창고 하나 딱 붙이고 다녔기 때문에 멀리서 보면 흰 귀걸이를 한 것같이 보였었다. 그런데 그때 그 딱지만한 반창고 한 조각이 얼마나 완벽하고 만족스러웠는지……

아마도 어머니께서 입김을 불어 보태 주셨음에 그랬으리라……

이젠 흉터하나 티끌하나 없이 깨끗이 나았지만 어머니의 따뜻하고 포근한 숨결은 아직도 내 귓불 속에서 맴도는듯하다.

어머니께서 돌아가실 때가 생각이 난다. 성인이 된 다음에야 부모상을 당한다면 그 크나큰 슬픔을 주체할 길이 없겠지만 고작 여덟 살인 나에게 어머니의 죽음은 그저 무슨 큰 명절날 인줄로만 알았다. 사람들이 북적이고 갑자기 음식이 넘쳐나니 그럴 수밖에……

내 기억으로 어머니는 전남대병원에 입원 하신 걸로 기억난다. 엄마가 아프다는 말만 듣고 아버지의 손을 잡고 병원을 찾아갔는데 엄마보다는 처음 타본 엘리베이터가 너무나 신기했다.

엄마 얼굴을 보고 앉아있는데 온통 머릿속에는 엘리베이터 생각뿐이었다. 한 5분이나 앉아있었을까? 화장실 다녀온다는 말을 하고 엘리베이터로 달려가 한 시간 넘게 '올라갔다 내려갔다' 너무나 신기하기만 했다. 8층을 누르면 8층으로 1층을 누르면 1층으로 내려가고 층마다 사람들이 타고 내리는 것이 너무나 신기했다.

한참을 그렇게 엘리베이터에 빠져 있는데 나를 찾아 나선 아버지께서 그렇게 철없이 노는 내 손을 잡고 조용히 눈물을 흘리셨던 것이 기억난다.

아버지께서 내 손을 잡고 어머니 병실로 돌아가시는데 나 보다 훨씬 키가 큰 아버지의 얼굴을 올려 봤더니 말없이 손바닥으로 눈물을 닦으셨다.

어머니 병실에 되돌아 왔을 때는 어머니께서 피곤하신지 이미 잠들어계셨다.

내가 본 생전 어머니 마지막 모습이었다.

어머니께서 돌아가신 날도 어렴풋이 기억이 난다.

그때 당시 전화기는 다이얼식이었는데 검은색 먹통 전화기가 흰색 냉장고 위에 놓여 있었다. 냉장고 위에 전화기를 놓은 이유는 아마도 다이얼 돌리기를 놀이로 삼았던 나에게서 떼어놓기 위함 이었을 것이다.

어머니의 사망 소식은 바로 그 전화로부터 전해졌다. 제일 큰 누나가 전화를 받고 하염없이 울기 시작했으며 작은 누나, 형, 막내누나까지 모두 하나같이 울기만 했다. 하지만 난 아무것도 몰랐다. 왜 우는지…… 왜 형과 누나가 모두 우는지 아무것도 몰랐다. 그저 모두 우니 따라 울었다.

'왜 울어…… 엉엉…… 왜 울어…… 울지 마"를 연신 외치며 말이다.

어머니께서 돌아가시고 3일장이 치러졌다. 병원에 빈소를 차리면 돈도 부담이 됐겠지만 그때 당시는 대부분 집에서 3일장을 치렀다.

문제는 이틀째 되는 날 갑자기 내가 행방불명이 된 것이다.

집안 어른들과 누나 형, 온 식구가 몇 시간이고 동네방네 다 뒤지고 난리가 났지만 날 도무지 찾을 수 없었다고 한다. 그런데 내가 발견된 장소는 다름 아닌 어머니께서 잠들어 계신 관 위였다.

그때 당시 빈소는 작은방에 차려졌는데 제사상 위에 어머니의 영정이 있었고 큰 병풍 뒤로 어머니가 모셔져 있었다. 나중에 들은 이야기지만 내가 엄마를 한참 찾다가 엄마가 없으니 사람들에게 물었다고 한다.

"엄마 어디 있어요? 엄마요……"

"아 니 엄마 저 병풍 뒤에 잠자고 있지……"

난 그 말을 듣고 정말 엄마가 병풍 뒤에서 잠자는 줄 알고 어머니 관위에서 잠을 잤던 것이다.

나를 발견한 뒤 누나들과 형들이 병풍 뒤로 한꺼번에 몰려와 나를 끌어안고 울었다고 한다.

그때 아버지도 소리 없이 눈물을 흘리셨는데 지금도 아버지는 눈물을 가끔 흘리실 때면 말없이 뒤돌아 앉으셔서 소리 없이 우신다.

아버지에게 어머니 몫까지 더해 갑절, 곱절로 효도를 해야 하는데 한없이 부끄럽기만 하다.

90년 5월 27일

한 사람으로써 이 세상에서의 인생을 마치게 되었을 때 무엇이라고 표현하는가?

흔히 '죽음'이라고 표현한다. 그러나 그것은 너무나 잔인하고도 매정한 표현이다. 어떻게 그렇게 단순하면서도 무의미하게 표현한다는 말인가?

'인숙 누나의 죽음'

오늘 나에게 어떻게 다가왔는지는 잘 기억되지 않는다. 그렇지만 가슴이 무너지는 듯하다.

나에겐 슬픔인지 두려움인지 아니면 새로운 경험이어서 그러는지 몰라도 도대체 무엇이 나의 가슴을 세차게 눌렀는지 모르겠다.

그리고 오늘에 와서야 진정으로 부정하고 싶은 것이 하나있다. 그것은 '신'이다.

우리에게 과연 신이 있었던가?

그렇다면 그것은 사랑인가? 증오인가?

나의 19년 동안의 삶은 신을 진정으로 찾고 있었으며 잠시 의심의 도가니에 빠졌을 때도 있었다.

그러나 이젠 더 이상 믿음도 비평이나 의혹스러운 마음도 없을 것이다. 적어도 인숙누나의 죽음이 나의 기억 속에 묻어질 때까지는…… 어떻게 아이까지 몸속에 있는 한 생명의 어머니를, 한 남자의 아내를, 두 동생들의 누나를 생명에서 떼어 버릴 수 있단 말인가.

 난 부정한다. 확고히 부정한다. 신은 없노라고……
 ……………

 방금 성심병원 영안실에 다녀왔다. 그 자체에서 풍기는 슬픔은 택시에서 내릴 때부터 이미 내 몸에 느껴졌었다. 아버지의 붉게 상기한 얼굴에서 무엇인가를 참으려고 애쓰시는 모습이 보였다. 인숙누나의 영전 앞에 무릎을 꿇고 향을 꽂고 잔을 올렸다.

 인숙 누나의 친동생 부길에게서 터져 흘러나오는 슬픔에 나도 그만 눈물을 흘리고 말았다.

 춘기 형님은 누구보다 참기 어려운 동생의 죽음에 겨우겨우 울음을 삼키시다가 끝내는 아버지에게 울음을 터트리고 말았다. 비록 친아버지는 아니지만 작은 아버지에게 말이다.

 내 아버지께서 이 모든 슬픔과 괴로움을 다 지니신 것 같았다.
 나로서는 누나의 명복과 매형의 안녕을 빌 뿐이다.

 그때 당시 인숙누나는 임신 9개월 정도의 만삭이었던 것으로 기억난다. 다음 달 출산을 앞둔 누나는 봄바람이 시원한 그야말로 평온한 오후에 낮잠을 자고 있었다. 그런데 잠을 반듯이 누워서 자지 않고 엎드려 잔 것이 화근이었다. 정확한 사인은 기억나지 않지만 뱃속의 아이가 산모의 정상적인 호흡을 막았다고 들었다. 인숙누나의 죽음으로 난 큰 혼란에 빠졌다.

과연 신이 있다면 새 생명을 가진 산모와 이제 곧 태어날 아이를 왜 죽음에 이르게 했냐는 반문이었다.

이제는 아버지 하나님의 역사하심을 믿지만 그때 당시는 정말 이해하기 힘든 일이었다.

90년 5월 30일

비오는 날이면 자주 일기를 쓰게 되는 것 같다.

오늘도 어김없이 무화과 잎을 때리는 빗소리가 나의 귀를 울리고 있다. 요사인 정말 JJ를 만나고 싶어서 무척 견디기가 힘들다. 그러나 나의 입장이 그러하지 못할 것 같다. 그저 계속해서 떨어지는 빗소리가 원망스러울 뿐이다. 찢어지는 듯한 가슴이 그 큰 울림으로 더 상처받고 있으니 말이다.

학교 자율학습 시간이었다. 문득 JJ의 사진이 보고 싶어졌다. 여전히 나를 향한 듯 한 송이 장미를 들고 있는 어여쁜 그리고 깨끗한 소녀가 슬픈 미소를 보내고 있었다. 왜 나에게는 그 미소가 그렇게 느껴지는지 모른다. 아마도 그것은 우리가 지금 떨어져 있는 슬픔이 그 사진에 젖어 버렸음이다.

  항상 나에게 큰 기쁨이었던 JJ의 파란 하늘 가슴속에서 살고 싶다. 그리고 나의 넓고 높은 하늘 가슴속에 살게 하고 싶다.

  - 편지 -
  깊은 어둠 속에서 조용한 비를 맞이할 때면
  나의 가슴은 기쁜 상상에 빠져 부프릅니다

  한참을 상상 속에 헤매이다가

  난 흰 종이에다
  조용한 비를 잉크로 하고
  나의 가슴을 펜으로 하여
  기쁜 상상을 만들어 준 사람에게
  편지를 씁니다

  기쁜 답장을 상상하면서 말이에요……

- 부끄러운 가슴 -

누군가를 나의 가슴에 담고 있고 싶습니다
그곳은 꼭 한 사람이 들어가기에 알맞습니다

누군가를 위해서 따뜻하게 포근하게 다듬어 놓습니다
그런데 만약 그녀가 이곳을 잃는다면
다시는 누군가를 위해서는 그러지 않겠습니다

그리고 다시 그녀를 위해서도 만들지 않습니다
왜냐하면 전…… 부끄러우니까요

- 오늘 내일 모레 글피가 있는 이유 -

오늘은 오늘
내일은 내일
모레는 모레
글피는 글피
오늘이 내일
내일이 모레
모레가 글피

글피가 오늘
그러므로 오늘이……
그렇게 해야 내일이……
그럼으로써 모레가……
그런 다음에야 글피가……

90년 6월 6일
시인이 되고 싶은 날이다.

노래하는 시인이 되고 싶은 날이다. 지금 나에겐 하고 싶은 일들이 너무나 많다. 그러나 나에겐 용기도 없고 시간도 없다. 그러면서도 나는 끊임없이 그것을 갈망한다.

내가 좋아하는 사람과 이야기 하고 싶고 같이 있고 싶다. 나의 가슴을 보여주고 싶고 JJ의 가슴을 보고 싶다.

~하고 싶다. ~하고 싶다.

문득 생각이 난다. 진실, 순수…… 나는 진실했었던가? 나는 순수했었던가? 아마도 나는 그렇지 못했음에 틀림없다. 그러나 나는 항상 다른 이에게 그러하게 보이도록 생활해 왔었다. 갑자기 이런 생각을 하게 된 이유는 나도 잘 모르겠다. 그러나 아마도 그렇게 되고 싶어서 일 것이다. 세상에 태어나서 내가 본 진실이나 순수는 아무것도 없었다. 어머니의 사랑은 내가 너무 어렸을 때 끝이 나버린 것 같고 아버지의 사랑은 가끔 그것인가 아닌가 의심이 나선다.

이것은 아마도 내가 덜 성숙했음일 것이다.

그러나 내가 진실이며 순수라고 믿고 싶은 또 그렇게 만들고 싶은 것이 하나 있다.

그것은 나의 마음이다. 어디에서든지 또 누구를 향해서든지 꼭 그렇게 존재하고 싶고 존재시키고 싶다.

오늘도 JJ에게 편지하고 싶은 생각에 머뭇거린다.

90년 6월 22일

6월 모의고사가 있었던 날이었다.

점수의 계속적인 추락에 가슴이 조여든다. 가끔 깊은 잠 꿈속에 하늘을 난다.

내가 가장 가고 싶고 가장 하고 싶은 일들을 하면서 말이다.

그럴 때면 영원이 헤어 나오고 싶지 않다. 옆에서 나는 소리에 잠이 깨버릴 때면 너무나 아쉬운 마음에 세상의 소리를 저주할 정도다.

90년 7월 15일

너무나 오래 동안 일기를 쓰지 못했다.

아마도 나의 가슴이 꽉꽉 막혀 있었나 보다. 항상 거드름을 뒤로하고 나의 흰 가슴을 앞으로 하여 세상을 살고 또 내가 살았던 세상을 이곳에 그리려고 한다.

그러나 가끔가다가는 한번씩…… 내가 나를 거드름 피우며 자만하게 만들기까지도 한다.

어제나 오늘 그리고 내일도 내가 그렇게 살지도 모른다. 항상 진실 되게 살려고 한다.

- 비 -

나의 어깨
나의 가슴
나의 심장을 적시는 비
오늘은 오기라도 그것에 대항하고 싶다

나의 희망
나의 꿈
나의 진실을 묽게 하는 비
오늘은 기꺼이 맞서고 싶다

나의 도피
나의 굴복
나의 좌절을 유도하는 비
오늘은 결단코 지지 않겠다

그리고
항상 나를
강하게 하는 비
오늘도 기꺼이 받아들인다

90년 7월 22일

어제는 약 네 달 만에 그리웁고 그리웠던 JJ를 만났다.

너무나 오래 동안 들어보지 못했던 목소리와 느끼지 못했던 모든 것을 가까이서 접하게 되니 큰 기쁨이 아닐 수 없었다.

항상 나에게 너무 가까이 하지도 않고 너무 멀어지려고 하지도 않는 JJ를 보면 내겐 큰 위안이며 기쁨이다.

그렇다 어쩌면 난 가장 큰 행복을 지니고 있는 사람일지도 모른다.

바람에 날리는 JJ의 짧은 머릿결은 그녀를 바라보게 하는 또

하나의 즐거움이다.

  물론 재치 있고 따뜻한 마음씨는 말할 것도 없다.

  나의 온 가슴을 다 주고 싶은 마음이 생긴다.

90년 7월 24일

  어제와 오늘 그리고 앞으로 약 한 달을 위해 도서관에 자리를 새로 잡았다.

  이번만큼은 너무 긴박하기 때문에 각오도 만만치 않다.

  다른 어떤 때보다 가장 열심히 해야 될 시기임에 틀림이 없다.

  열심히 도서관에서 밤을 밝히고 아침에 집을 향할 때면 너무나도 당당하고 가볍다.

  물론 간밤의 피로도 뒤로 감추어질 정도로 말이다.

  남은 시간 열심히 알차게 꾸며보아야겠다.

90년 7월 26일

도서관에 들어온 지 며칠이 지났다.

  한편으로는 그래도 잘한 것 같고 다른 한편으로는 그렇게 썩

잘하지는 못한 것 같다.

아침 일찍 나의 걸음을 보면 내가 전날 어떻게 생활했는지 알 수 있다.

무겁게 떨어지며 가슴은 꾹 웅크린 채 땅만 보고 한숨을 푹푹 쉬는 걸음은 전날의 나를 반성하기 때문이다. 그러나 무릎이 코에 닿을 정도로 힘차며 푸른 하늘을 보며 싱글벙글 웃는 걸음은 전날의 나를 만족하기 때문이다.

내일 아침 걸음은 힘차기를 바란다.

- 고독이 주는 의미 -

언젠가 고독이 주는 의미를 생각해 본 적이 있었다.

지금 기억으로는 아무런 의미도 부여하질 않았고 부여받지 못했던 것 같다.

고독!

어쩌면 인생은 고독을 위한 삶일지도 모른다.

인생을 개척하다 보면 고독이라는 시간에 어차피 머무르기 때문이다.

갓 태어난 아이에게서는 고독을 볼 수 없다고 말할지도 모르지만 어쩌면 아이는 터질 듯한 울부짖음으로 고독을 괴로워하고 있는지도 모른다.

그럴 때면 어머니의 사랑스럽고 따뜻한 가슴으로 아이의 고독은 달래지곤 한다.

아이는 성장하며 그리고 늙어간다.

세월이 아이를…… 시간이 아이를 그렇게 만든다.

시간을 받는 대가로 아이는 또 다른 하나의 고독을 만나게 된다. 그것은 너무나도 무섭고 두려운 죽음의 고독이다.

죽음! 과연 죽음도 고독이라고 일컬을 수 있는가? 만약 그렇다면 그것은 고독의 종말일수도 있으며 또 다른 고독의 실체로 빠지게 되는 암흑 일수도 있다.

우리 19세의 나이에 고독이란 어떻게 풀이 되어야 하는가?

"나는 고독하다"라고 말하는 사람은 고독의 의미를 말할 수 있는가?

고독!!!!!!!!!!

어쩌면 고독은 그것을 느끼는 사람에게 있어서 "삶의 종말이며 삶의 또 다른 시작일 것이다"그러기에 우리는 인생을 고독에 의지하려 하는지도 모른다…… 우리 고독을 사랑하자~!!!! 그러나 즐기지는 말자!"

90년 8월 ?

오늘이 며칠인가도 잘 모르겠다.

어제는 아버지에게 크나큰 염려를 드리고 말았다. 아버지께서는 나에게 이렇게 말씀하셨다.

"너를 애들처럼 종아리를 때릴 수도 없는 일이고 손이나 발로 때릴 수도 없는 일이다. 그러니 이 몽둥이에 '사랑의 가르침'이라고 써서 네가 후에 성장하고 다시 내게 가져 오너라"

이 말씀을 듣고 그냥 눈물을 참지 못해 입술을 깨물며 울어버렸다.

아버지의 사랑이 이렇게도 큰데도 불구하고 항상 염려와 불효만 드리고 있는 내가 너무 부끄럽다. 다음날 학교에 와서 선생님께 말씀 드리고 어머니 산소를 찾았다.

풀이 무성하게 자라서 산을 헤치고 지나가기가 꾀 힘들었고 땀도 많이 흘렸지만 어머니 앞에 도착해서 큰 절을 드리자 더위가 어디론가 사라져 버렸다.

90년 8월 9일

　사관학교 원서에 대해 이야기가 나오기 시작했다.

　이제 정말로 일순간이 아까울 때다. 겨우 한 달 남짓 남았다. 그동안 나름대로 머리도 감싸보고 나름대로 게으름도 피어가며 그럭저럭 한다고 해왔지만 자신감이 넘칠 정도는 되지 못한다. 그동안 선생님께서 나를 어떻게 평가 했을는지 또 사관학교 원서는 써 주실지 무척 궁금하고 걱정된다. 안된다고 하시면 끝까지 우길 작정이다. 나로선 그날까지 최선을 다할 뿐이다.

　- 내가 JJ를 알고 난 후로 -
　내가 JJ를 알고 난 후로
　이 세상 모든 신에게 맹세하고
　한 번도 잊고 넘어간 날이 없었습니다

　내가 괴롭고 힘들 때마다
　JJ를 생각지 않은 적이
　정말 없었습니다

　내가 누구와 이야기 할 때

그에게 JJ를 자랑하고 싶은
마음이 생기지 않은 적은
한 번도 없었습니다.

내가 JJ를 멀리하고
사라지는 일은
절대로 없을 것입니다

90년 8월 10일
나에게 시간이 촉박해지고 점점 무엇인가가 무섭게 다가오고 있다고 생각됩니다.
너무 두려워 제대로 맞설 수가 없습니다.
그대 JJ는 아시나요?
내가 그대에게 두려움에 떨고 있는 내 모습을 보이고 싶어 하는 이유를?
그러면 어쩌면 그런 나의 모습에 'JJ가 가까이 와서 위로해 주지 않을까?' 하고
마음속으로 간절히 바라기 때문이에요.

90년 8월 13일

 녹색 날개와 녹색 꼬리 그리고 검은 눈에 빠알간 부리를 가지고 있는 유리새.

시간이 지나도 변함없이 맑고 찬란한 유리새.
지금 그 유리새가 내 책상에 앉아 있다.

다른 사람들이 보기에는 그냥 예쁜 유리새 이지만 내가 보기에는 평범하지만은 않은 유리새……

열쇠고리에 지나지 않는다고 생각되지만 내가 어떤 사물에 관념을 불어넣으면 그것은 새로이 태어나 이 세상에서 가장 아름답고 때로는 가장 추한 모습으로 내게 다가온다.

오늘 저 유리새는 이 세상에서 가장 고귀함과 아름다움 그리고 선함을 불어넣고 싶다.

그렇게 하면 어쩌면 저 유리새가 생명을 얻어 하늘을 날지도 모른다.

새로운 생명을 얻어 날고 싶어 하는 나처럼 말이다.

유리새가 새 생명을 얻어 하늘을 난다면 가장 먼저 무슨 노래를 부르며 어느 나무와 어느 산을 찾을지 무척 궁금하다. 유리새가 가장 찬란하게 빛날 수 있는 저 높은 하늘의 태양에게 가서 찬란함을 과시할까? 아니면 깊은 숲속 응달진 곳에 들어가 그곳을 잠시나마 아름답고 따스하게 비추어 줄까? 내가 만약 새 생명을 얻어 노래를 부르는 유리새라면 이 세상 모든 사람들을 위해 노래를 부르고 싶다.

고등학교 시절 독서실은 어쩔 수 없이 들어가는 감옥 같은 곳이라고 생각된다.

3년을 채워야 나갈 수 있는 감옥 말이다.

요즘 우리 학생들에게 독서실이란…… 여전히 자동차 트렁크에 갇혀 있는 것보다 더 숨이 막히는 공간일 것이다. 나도 그 폐쇄된 공간을 끊임없이 벗어나 자유롭고 싶은 생각이 끝이 없었던 것 같다.

90년 8월 16일

어제는 정말 집과 친구 그리고 부모형제를 버리고 멀리 떠나려고 했었다.

더 이상 내가 처한 곳에 남아 있고 싶지 않았다. 새로운 생활, 새로운 장소 모든 것을 새롭게 시작하고 어쩌면 지금까지 거짓되고 위선된 나의 생활을 버리고 싶었다.

내 머릿속엔 떠나서 어떻게 살 것이라는 생각도 자리 잡혀 있었다.

그런데 떠날 수가 없었다. 아버지의 사랑이 다시 의심되기 시작한 것이다.

나를 위해서 그러시는 것 같긴 한데 나는 또 그렇게 생각이 굳혀지질 않았다.

친구 형준의 도움으로 나의 마음이 많이 바뀌기도 했다. 아마 형준이가 어제 내 곁에 있어주지 않았다면 난 지금 이 독서실

한 귀퉁이에 없을지도 모른다.

　괜히 일기를 더 이상 쓰고 싶지 않다.

　내가 어제 잠시 미친 것 같다.

　난 사춘기에 아버지를 무척 미워하기도 하고 무서워하기도 했다.

　어머니 없이 오남매를 키우시다보니 얼마나 엄격하셔야 했을까. 돌이켜 보면 사춘기의 반항심이 그렇게도 홀로 고생하시며 오남매를 키우셨던 아버지를 더욱 힘들게 한 것 같다.

　사춘기를 외줄타기 하는 아이들은 부모와 대립하기 일쑤다.

　세상에서 가장 사랑하고 존경하는가하면 원수보다 더 증오하기도 한다. 아이들에게 존경받는 부모가 되는 방법은 정답이 없는 것 같다. 아이들에게 솔선수범하는 방법밖에는……

　이 일기장에는 기록돼있지 않지만 아버지와 나 사이에는 평생 잊지 못할 사건이 하나 있다. 이름 하여 '혈서 사건'

　아버지께서 얼마나 나를 사랑하셨는지 단적으로 보여준 사건이다.

　머리를 삭발하고 얼마 되지 않은 일이니 90년 3월 정도로 기억된다.

　하루는 친구 다섯 명이 뭉쳐 일명 '땡땡이'를 쳐서 학교를 몰래 빠져나왔다.

　토요일 오후까지는 원래 자율 학습시간이었지만 각반에서 한 두 명이 빠진지라 선생님은 알아차리지 못하셨다.

친구 다섯 명은 마치 영화 '친구'에 나오는 장면처럼 가방을 겨드랑이 사이에 꼭 끼어 매고 일 열로 걸으며 여수 시내를 활보했다. 선생님들은 학교에 있고 들킬 일이 없으니 여수 시내가 모두 우리 차지나 다름없었다.

 친구들끼리 무엇을 할까 고민 고민하다가 영화나 한편 보자는데 만장일치를 보았는데 그 당시 큰 인기를 끌었던 성인영화 '변강쇠2'였다.

영화표를 끊고 막 광고가 나오기 시작한 극장으로 들어갔다. 그런데 하필이면 토요일 오후, 영화관은 만석이었고 맨 앞줄 빈자리로 갈 수밖에 없었다.

 허리를 최대한 굽혀 맨 앞 줄 자리에 막 앉으려는 순간 영화관 저쪽 뒤쪽 자리에서 들려오는 고함 소리 하나가 내 뒤통수를 내리 쳤다.

 "야 거기 호형이 아니냐?' '호형이 맞지'……

 다른 반 아이들도 영화를 보러 온 것인데 영사기에서 발사된 빛이 내 삭발한 머리를 비추고 스크린 아래화면에 검은색 실루엣의 가방 든 스님 머리를 만들어 낸 것이다.

그냥 영화 끝나고 나중에 아는 척 하면 되지 큰 목소리로 이름까지 부르는 친구들이 너무 괘씸하다는 생각이 들었다.

아무튼 영화는 친구들과 너무 재미있게 봤다. 그런데 일은 여기서 발생했다.

친구들과 함께 낄낄대며 영화관의 좁은 복도를 빠져 나오는데 저 멀리 아버지가 정면으로 나를 응시하며 다가오는 것이 아닌가! 누구한테 제보를 받은 것이지?

'오 마이 갓!' 이런 영어는 이럴 때 쓰는 것인가?

갑자기 내주변의 모든 사람들과 물건들이 하얗게 변하더니 오직 아버지만 정면에서 점점 다가오는 것이 아닌가!

아버지는 특유의 저음으로 딱 한마디 하셨다.

"따라와!"

아버지를 따라 택시를 타고 한마디도 못한 채 집으로 따라 들어갔다.

집에 도착한 시간이 7시 정도였고 아버지는 기네스북에 남을 만큼 오랜 시간동안 훈계를 하셨다. 아버지의 말씀에 '난 정말 나쁜 불효자식이구나!'라는 생각이 들어 하염없이 눈물이 뚝뚝 떨어졌다. 밤 11시 정도 되니 꿇어앉은 두 무릎이 내 무릎이 아닌 것 같은 생각이 들었다.

나 때문에 누님과 형님까지 함께 훈계를 들어야 했으니 더욱 미안했다.

드디어 아버지의 엄명이 떨어졌다.

화선지와 실과 바늘, 면도날을 가지고 오라시는 어명이었다.

그때 당시 둘째 누나인 애경이 누나가 서예를 공부하고 있었기 때문에 집에는 어른 양팔 길이의 화선지가 있었다.

 아버지는 아무 말 없이 화선지를 크게 펼치시더니 오른손 검지 손가락을 명주실로 꽁꽁 동여 매셨다. 그리고선 피가 빨갛게 뭉친 손끝을 단번에 면도날로 확 베어버리는 것이 아닌가!

 아버지 손끝에서 터진 피가 화선지 중앙에 확 퍼졌다.

 "니가 늦게 생각할수록 이 피는 계속 날것이니 이 화선지 가득 니 각오를 써라!"

 "글고 니 각오니 내 손을 잡고 니가 직접 써라"

 순식간에 벌어진 일에 누나들과 형 그리고 나까지 오남매가 울고불고 난리가 나며 울음바다가 됐다.

 난 너무 당황한 나머지 아무생각도 없이 그저 덜덜 떨며 '죄송해요 아버지, 죄송해요 아버지, 다시는 안 그럴께요'를 울며 외쳤다.

 몇 분이나 지났을까…… 겨우 정신을 가다듬은 막내 누나가 울음을 삼키면서 무슨 글을 쓸지 내 귀에 속삭였다.

 난 아버지의 오른쪽으로 이동해 아버지의 오른손을 잡고 한자 한자 써내려가기 시작했다.

 쓰는 도중에도 피가 여러 번 맺는 바람에 아버지는 몇 번이고 손가락 끝을 베고 또 베셨다.

 그렇게 어렵게 어렵게 한자 한자 적은 것은……

 '당신의 자식은 다시는 거짓을 고하지 않습니다.'

난 그날 일을 평생 잊을 수 없다. 다음날 아침밥을 먹기 위해 여섯 식구가 한상에 모여 앉았다. 죄송하게도 아버지의 오른손 검지 손가락에는 하얀 붕대가 반창고로 꽁꽁 매어져있었다.

 밥을 먹는 내내 눈물을 삼켰다. 그리고 그 이후로 아버지에게는 단 한차례의 거짓을 고하지 않았다.

90년 8월 22일

나의 그리움을 자극하는 비가 오늘도 내린다.

어둠속에서 아주 부끄러운 듯이 한방울 두방울 나리고 있다.

어제 아침에는 문득 놀랬었다. 어느새 아침은 나로 하여금 가을을 느끼게 하였던 것이다.

만약 이 비가 정말 가을을 맞이하기 위한 자연의 예시라면 아마도 난 너무나 이른 가을소식에 당황하지 않을 수 없을 것이다. 나에게 가을을 영원히 그저 가까운 정도로만 머물게 할 수 있는 힘이 있다면 하는 터무니없는 생각에 웃음이 절로 났다.

내가 사랑해왔던 가을을 오늘에 와서는 왜 내가 멀리하려고만 하는지……

- 갑자기 -

갑자기!

저 멀리 등대의 외로운 불빛과

등대를 더욱 초라하게 하는 소리마저 잃어버린 빗속에서

가을은 다가옵니다

비겁게!

어둠을 위장하여 교묘한 술책으로

나를 놀라게 하면서
가을에 대한 나의 모든 기대와 소망을
무너뜨려버립니다

용감히!
맞서야 합니다.

정말 용감히 맞서고 싶습니다!

90년 8월 23일
 여름과 겨울이 만드는 깊은 밤 검은 바다는 오늘 같이 비가 내리는 밤에는 너무나 깊은 정글의 늪 인양 무서움을 불러일으킨다.
 이곳 2층 텅 빈 독서실 휴게실 안에서 내다보이는 바다는 어쩌면 내 가슴 일지도 모른다.
 바다를 가르는 주황을 입은 노랑 빛은 아득하고 깊은 바다의 두려움에도 외로운 아름다움을 발하고 있었다. 그러나 갑자기 굵어지는 빗줄기에 그 빛은 단숨에 사라져 버린다.
 아름다움이 그것도 마지막 소망인 듯한 아름다움이 이렇듯

허무하게 사라지는 광경을 보게 되면 내 마음의 한 구석은 한 없이 슬퍼지게 되며 또 다른 작은 아름다움을 찾는 작고 억센 내 가슴은 일어난다.

이제 더 이상 유리창을 열고는 있을 수 없을 정도로 비가 억세어 지며 힘을 과시한다.

이젠 유리창을 닫아야겠다.

새로 닫혀 진 유리창엔 어느새 빗방울들이 자리를 잡는다.

도로가의 가로수 불빛에 유리창에 새로 자리 잡은 물방울들

은 빛을 발하여 황금의 그것보다 더 찬란하고 아름다운 빛을 갖는다. 저 빗방울, 방울방울에 맺히는 아름다움은 어쩌면 이 세상 사람들의 희생과 헌신이 아름답게 승화되어 이렇게 비 내리는 아름다운 밤에 신께서 찬미함인지도 모른다.

90년 9월 3일

얼마나 오랜 시간 동안 일기를 쓰질 못했는지 모른다.

너무나 나에게는 빡빡하고 급급했던 날들이었다.

지금은 월요일 새벽 1시다. 새벽의 어둠이 창을 어둡게 하고 있다.

가을마저 선뜩 다가와서 나를 놀라게 하는 시간이다.

이제 약 6일, 실제로는 5일 밖에 남지 않았다. 처음 해군사관학교를 지원하겠다는 자신만만한 마음에 비해서 지금은 너무나 걱정되고 걱정되는 약한 마음뿐이다.

주위의 친구들 그리고 누나 형 아버지 선생님······

누구나 나에게 합격을 기원하고 있다. 그래서 그런지 나에게 부담은 더욱더 크다.

지금 나에게는 모든 것이 갑갑하고 걱정될 뿐이다. 남에게는 자신 있는 듯이 쉽게 말하지만 진정 나에게는 당당하지 못하다.

남은 날이나마 최선을 다해야겠다.

  나도 아버지에게 빨리 효도하고 싶다. 나를 가장 사랑하시는 아버지에게 말이다.

  - 날지 않는 비둘기 -
  오늘도
  비둘기는 오지 않는다
  내가 바라는 것……

  오늘도
  비둘기는 울지 않는다
  기쁨에 가득 차……

  오늘도
  비둘기는 날지 않는다
  나를 보기 위해……

  오늘도
  비둘기는 소식이 없다

둥지는 썩는다

오늘도
비둘기를
하늘에 날린다
끝없이 날린다

90년 9월 9일

일기를 거의 일주일에 한 번씩 쓰는 듯하다.

오늘은 내 생애에 큰 의미와 많은 것을 얻은 날이었다.

그렇게도 내가 바래왔던 사관학교 시험을 보았던 것이다. 지금으로선 합격이란 나에게 거의 불가능한 현실이 되고 만 것 같다.

물론 내 자신에게도 무척 미안하고 부끄럽지만 나 아닌 다른 사람들에게는 내 자신에게 미안한 감정과는 비교도 되지 못 할 만큼 엄청난 부끄러움을 면치 못한다.

나의 머릿속 가득히 이런저런 생각으로 너무 복잡하다. 앞으로 과연 어떤 자리에 어떤 자세로 서야 할지…… 나 혼자 생각하고 계획하기는 정말 힘들고 힘들다.

아직까지는 아버지 앞에서 자신 있게 서질 못하겠다. 아마도 그 이유는 내가 떳떳하지 못함이다. 언제쯤 아버지 앞에 자랑스러운 자식으로써 당당히 설 수 있을지……

지금 나의 생각은 복잡하면서도 그런 중에도 이렇게 희미하게 정리된다.

한 생각은 일 년을 재수함으로써 사관학교시험을 다시 치루는 것이며 또 다른 생각은 남은 기간에 분투하여 전기대 시험을 보는 것이다. 언제나처럼 이 두 가지 생각에는 각기 어려움이 따르리라고 생각된다. 재수는 그 기간 동안 내가 내 자신을 얼마나 잘 다스리고 이겨내느냐는 것이 큰 어려움이고 4년제 대학의 문제점은 내가 그 대학에 가서 과연 잘 할 수 있는가의 문제점이다. 물론 다른 여러 가지 부수적인 어려움도 생각하지 않는 것은 아니다.

어제와 그리고 오늘은 지금까지 내가 멀리하고 부정만 하려 했던 신에게 의지하려하고 찾으려고만 한다. 그럴 때는 내가 정말 약해졌나 하고 생각도 되고 신께서 나를 구원하기 위해 나를 일깨우시려고 하는지도……

웃음이 난다.(내 자신에게)

지금은 이런 저런 어지러운 생각으로부터 벗어나고 싶을 뿐이다.

90년 9월 22일

눈을 뜨기 힘든 아침이면 언제나 내 옆에선 라디오의 아름다운 음률들이 흘러나와 나의 피곤하고 지친 온몸을 부드럽게 위로해 준다.

그렇게 매일 아침이면 작은 위로를 받는다고 생각하면 일으키기 힘들고 싫증나고 귀찮더라도 겨우 일어날 수 있다.

아침에 어떻게 하면 상쾌하고 활기차게 하루를 기대하며 즐거운 마음으로 대할 수 있을지 무척 궁금하다. 어제는 또 하나의 시험을 치렀고 그에 대한 결과도 보았다.

항상 나를 반성하게하고 우울하게 하는 결과였다.

이젠 약 87일 정도의 아주작고 극소한 날들이 남았다. 눈을 감고 있으면 금방 하루가 또 하루가 지날 것 같아서 무섭고 두렵다.

갑자기 이런 생각을 해본다. 사랑하는 우리 2세들이 시험을 앞두고 받는 스트레스 강도가 얼마나 될까? 직장이나 상사에게 받는 스트레스보다 더 셀까? 아니면 한 회사를 운영하는 오너의 스트레스 보다 더 셀까? 아니면 와이프의 바가지에 매일 쌓이는 스트레스보다 셀까?

지금까지 한 번도 시험을 앞둔 아이들의 스트레스 수치를 과학적으로 계량화 한 적은 없는 것 같다.

그만큼 이해하기도 고통을 나누기도 힘들다는 말이 아닐까?

오늘은 부모들이 아이들의 스트레스를 확 풀어주는 날이었으면 한다.

90년 10월 10일

요사인 시를 지을 수 있는 힘이 어디론가 날아가 흩어져 버린 것임이 틀림없다.

 왜냐하면 뭐라 할까……

 도무지 시상과 시어 그리고 음률들이 나에게서 우러나오질 않기 때문이다.

 더욱 궁극적인 이유도 있지만 표현 하지 않아도 지금 때와 환경이 다 말해줄 수 있을 것이다. 시를 쓰고 고치며 감상하고 보여주는 그런 여유를 가지고 싶다.

 기껏해야 시를 써봐야지 마음먹고 쓰면 온갖 과장된 아름다운 단어들로만 가득 채우고 마는 그런 나의 가슴속 생각과 심상들이 미울 뿐이다.

 그래 누군가가 이렇게 '글을 쓰는 것도 무척 큰 마음의 여유가 있기 때문'이라고 말한 것이 맞을지도 모른다.

 90년 10월 27일

 하루하루 흘러지나만 가는 아쉬운 시간들을 그저 멍하니 세기만 하는 듯한 기분이 나를 떠나지 않는다. 며칠 전에는 아버지와 함께 이런저런 이야기를 나누어 보았다. 정말 많은 차이가 있었다. 아버지께서는 모두 나를 위하시고 염려하시는 생각에 그러시겠지만……

나는 요사이 꽤나 재수를 하고 싶은 생각이 든다. 그래서 나를 더욱더 떳떳하게 하고 싶기 때문이다. 그러나 아버지께서는 그러한 생각은 염두 해 두지 않으신 것 같다.

여러 가지 이유가 있을 것이다. 뭐라 할까 나의 성격?

무척이나 걱정 되실 만도 하다. 언젠가부터 내가 왜 이런 걱정을 아버지께 심어주게 되었는지……

90년 10월 28일

거의 3시가 다 되어간다.

오늘도 역시 빠짐없이 JJ의 생각에 기뻐도 했고 그리워도 했고 아쉬워도 했다.

가끔가다 JJ의 소식을 듣는다. 어느 곳에 취직했는가도 어디에서 보았는가도 그리고 나를 생각하고 있는가도……

언젠가 JJ가 나에게 이런 말을 했다.

"난 그냥 친구들이 너랑 어떻게 지내냐고 물으면 그냥 끝났다고 해"

이 말을 이해하지 못할 사람은 아무도 없다는 것을 JJ는 알고 있겠지?

길을 가다 공중전화에 동전이 남아있다고 표시돼있으면 꼭 이 생각이 든다.

'JJ에게 전화라도 한번'

- 그리움 -

그리움을 갖고 있는 사람아

무슨 생각을 하고 있는가

그리움에 살이 찐 사람아
살을 빼지 않으려는가

그리움에 눌려진 사람아
그리움을 누르고 싶지 않은가

보소 사람들아

저 사람이 나의 이유요
나의 그리움이요
나의 벗이요

90년 11월 9일

창밖으로 무화과 나뭇잎이 바스락 비벼대고 창틀이 덜컹 거린다. 오늘부터 갑자기 바람이 거세게 불며 아침에 내린 비 탓인지 기온이 뚝 떨어져 버렸다.

내일부터는 친구들의 옷들이 두껍게 변하리라 생각된다.

옷들이 무거워지듯이 우리 쌓은 지식이 자꾸 두꺼워져야 할 텐데 그렇지 못하다.

매일 같이 한숨으로 하루하루를 보내는 것이 우리 친구들이고 나 자신이다.

 38일 정도 남은 대학입시가 친구들의 살점과 웃음과 미소 행복을 꽉꽉 억누르고 짓밟는다.

 오늘도 되도록 한숨을 참으련다. 친구들의 한숨도 막아가며 말이다.

 어제는 자율학습시간에 문득 JJ가 무척이나 보고 싶어 혼났다.

 겨우 사진 두 장으로 달랠 수 있을까 하고 한참을 들여다보았지만 소용없는 일이었다.

 JJ를 만났던 그 날들이 그대로 눈앞에 선하다.

 처음 JJ의 손을 잡던 날, JJ의 미소를 다시 느낀 날, JJ의 예쁘고 고운 마음을 보던 날, 내 마음을 전해주고 싶었던 날, 헤어짐을 미워하고 다시 만남을 기원하던 날, 오래지 않아 다시 만나버린 날, 순천에서 작은 가랑비를 같이 맞던 날, 밸런타인데이 그리고 화이트데이, 생일을 축하해주며 축하 받던 날들……

 모두가 행복하고 소중하며 절대로 잊고 싶지 않은 날들이다.

 지금은 만나지 못하고 있지만 만나는 것이나 다름없다고 나는 내 자신에게 거짓말을 한다. 언젠가는 만나서 행복하고 기쁜 시간을 가질 테니까……

90년 11월 13일

열아홉 살……

1년 전에도 나는 일기를 쓰고 있었다. 그런데 어느 날 그 일기를 읽어 본 순간 새롭게 느껴지는 것은 내 자신이 너무나도 어려 보였다는 것이다.

그래서 나는 그 일기장을 불에 감추어 버렸다. 그리고 오늘 또 다시 그런 생각이 나를 찾는 것 같다. 그렇다면 이 일기장도 태워야 한다는 것인가?

아니다 그러고 싶지 않다.

나에게 소중한 것을 알게 한 이유기 때문이다.

소중한 시절, 소중한 이야기, 소중한 사람들……

90년 11월 28일

집에 도착하자 눈에 가장 먼저 들어온 것은 책상위의 초록색 글씨가 새겨진 편지한통이었다. 초록색 글씨라는 것 때문에 즐거운 상상과 기대에 부풀어 편지를 접한 순간, JJ의 편지임을 알고 말로는 도저히 표현 불가능 할 정도의 기쁨에 가슴이 벅찼다.

비록 100자도 안 되는 내용이었지만 나로서는 그 어떤 편지

보다도 반가웠다. 그런데 실망한 점도 있었다. 그토록 오래 동안 보내지 않았던 편지에 겨우 그 정도만큼만 표현을 하다니 난 이렇게 항상 일기장에 JJ에게 편지를 쓰는데……

그래도 오늘 문득 이렇게 기쁨을 얻으니 새로운 다짐도 생기고 한결 더 몸이 가볍다.

아마 JJ도 이런 목적으로 내게 편지를 보냈으리라……

지금 이라도 옆집에 만약 JJ가 있다면 그리고 시간이 허락한다면 달려가 꼭 안아주고 싶다.

내 따뜻한 가슴을 안겨주고 싶다.

90년 12월 10일
이제 꼭 대입이 7일 남았다.

점점 시간이 좁혀 질수록 나의 가슴도 좁혀져만 간다.

다른 생각과 잡념에 싸여서 제대로 집중 되지 않는다. 자꾸만 시험에 합격했을 경우는 생각되지 않고 시험에 떨어졌을 경우만 생각된다. 언제부턴가……

그러나 난 지금 이를 꼭 악물고 싶다. 이가 부서지도록 말이다.

90년 12월 16일

오늘 16일 / 내일 17일 / 모레 18일: 대학입학 학력고사

오늘 같은 날에는 무슨 말을 써야 가장 어울릴까.

내일이면 예비소집을 위하여 익산으로 떠나야 한다. 그리고 모레면 시험을 치르게 된다.

시험을 보고 합격 한 후만 생각 돼야 될 텐데 자꾸만 떨어졌을 경우만 생각되고 그 다음엔 어떻게 할까 어떻게 할까…… 하는 생각만 든다.

겉으로는 걱정되지 않고 자신만만한 것 같이 내 자신을 보이지만 속으로는 그렇게 자신가득차지 못하다.

여러 사람들이 나의 합격을 기원하고 있다. 그래서 더욱 부담스러워진다.

차라리 아무도 나의 합격을 기원하지 않는다면 더욱더 가벼운 마음으로 시험에 임하게 될지도 모른다. 그러나 그 사람들이 진정 나를 합격하게 만들 사람들이라고 믿고 싶다.

그리고 또 합격하고 싶다. 누가 떨어지기를 바라겠느냐 만은 말이다.

내가 바라는 대로, 나를 기원하고 사랑하는 사람들이 바라는 대로 되면 난 나의 모든 사랑을 그들에게 나누어 주고 싶다.

90년 12월 20일

이틀 전 18일에는 나의 일생의 큰 페이지를 장식하는 시험이 있었다.

시험보기 전날 무척이나 떨리는 마음에 잠 못 이루고 창가에 섰다가 천장을 보고 앉아 있다가 겨우 겨우 피곤에 잠을 들 수가 있었다.

시험 문제를 접하는 순간 크게 당황하지는 않았지만 답안지

에 답을 기입할 때는 조금은 볼펜 끝이 떨리고 있었음을 알 수 있었다. 그 다음날 면접이 끝나고 돌아오는 기차는 무척이나 사람들로 가득한 탓에 입석을 했어야만 했다. 바람을 쐬기 위해서 기차의 제일 뒤 칸에 나와서 차가운 어둠과 귓불을 얼리는 바람에 몸을 움츠리기도 했었다.

그렇게 기차의 제일 뒤 칸에서 멀어지는 산과 들 그리고 강을 본 것은 처음이었다.

멀어지는 그 모든 것들이 싫었지만 다가오는 내 집과 사랑하는 그 모든 이들을 생각하니 위안이 되고 찹찹한 마음을 잊게 해주었다.

90년 12월 30일
방금 1년 넘게 써온 내 일기장을 처음부터 정독을 했었다.
모든 것이 많이 변하였음을 알 수 있었다.
내 자신에 있어서는 꽤나 많은 변화를 보인 것 같다.
무엇이라고 꼬집어 말할 수는 어렵지만 말이다. 그리고 가장 많이 변한 것은 나의 진로가 아닌가 한다. 어떻게 생각하면 부끄럽기도 하지만 이런 부끄러움은 대학생활에서 반드시 없애고야 말겠다. 마지막으로 변한 것 같으면서도 또 한편으로는 그렇지도 않은 것은 JJ에 대한 것이다.

  먼저 변한 것은 예전에는 항상 보호받고 싶고 위로받고 싶고 휴식과 안식을 구하고 싶고 사랑을 구하고 싶었지만 오늘에 와서는 그 모든 것을 주고 싶다는 것이다.

  그리고 변하지 않은 것은 언제나처럼 JJ를 항상 생각하고 그리워한다는 것……

-

91년 1월 5일

  새해가 시작 된지 어느새 5일 이라는 시간이 흘러버렸다.

  5일전 불합격이라는 바꿀 수 없는 크나큰 사실에 괴로워한지도 오래다.

  주위의 따뜻한 위로와 사랑에 가슴속깊이 눈물짓곤 했었다.

  이젠 새로운 목표를 향하여 외줄을 타듯이 균형을 잡으려고 애쓰며 인내하며 한 발자국 한 발자국 내딛으려 한다.

  하지만 주위 사람들의 눈을 의식하면 약간은 위축도 느껴진다.

  괜히 아버지께나 누님들 그리고 형님에게 불효한 죄인인양 죄송스럽고 안쓰러운 마음에 하루하루가 더해지기만 한다.

  그러나 언젠가는 나에게도 효도할 수 있는 행복이 있으리라 확신한다.

- 그해 겨울 -
앙상한 가지와
얼어붙은 겨울

앙상한 가지와
얼어붙은 겨울

앙상한 가지와

얼어붙은 겨울

앙상한 가지와
얼어붙은 겨울

앙상한 가지와
얼어붙은 겨울

91년 2워 4일
내 자신을 일기장에 표현한다는 것은 무척 어려운 일이다.
더구나 이렇게 암담한 시간에 둘려 쌓여 있을 땐 특히 더하다.
한 달 가까이 되는 시간동안 나 자신을 느끼려고 하지 않았으며 느낌을 받고 싶지도 않았다. 자꾸만 추락하고 저 아득한 골짜기 끝의 마지막 디딤돌을 밟고 있는 것 같아서 두려움을 떨굴 수 없었다.
이젠 내 자신에게 눈을 뜨려한다. 골짜기 끝에서 뒤로 물러선 다음, 보이지 않는 건너편 골자기에 도달할 수 있도록 힘차게 높게 나의 온 마음과 힘을 더해 날아오르려 한다.
안전하고 행복한 착지를 위해서 말이다.

- 빗소리 -
톡톡톡
이 소리는
당신이 날 위해 선물할
단풍따는 소리

똑똑똑
이 소리는
당신이 내 수줍은 창을
두드리는 소리

뚝뚝뚝
이 소리는
당신의 부재에 떨어지는
내 눈물 소리

투두둑
이 소리는
아직도 내리는
밤비 소리

91년 2월 17일
어제는 어머니 산소에 다녀왔었다.
오래간만에 간 그곳에는 황량하게 말라버린 겨울 잡초들의 외로움과 이제 막 새롭게 살아나려고 움틀 거리는 생명들의 흔적을 볼 수 있었다.

그리고 보니 어머니께서 돌아가신지 벌써 12년이 넘었다. 그동안 어머니가 그립고 당신으로부터 많은 사랑에 굶주린 것 같지만 그러한 모든 것은 아버지로부터 몇 갑절로 받아왔었다는 것을 나는 알고 있다.

그러면서도 항상 아버지께 제대로 답해드리지 못한 나를 생각하면 죄송한 마음에 내 자신이 부끄럽다.

재수 생활은 참 어둡고도 긴 터널 같은 생활이다.

재수생이라는 낙인을 이마에 찍은 지라 고개는 절로 떨어지고 어깨는 천만 근을 짊어진 듯이 무겁다.

친척들이 집에 오거나 명절날이라도 되면 일단 집을 나가기 위해 어떤 핑계라도 만들곤 했던 것 같다.

그럴 때마다 알고도 모른 척 해주는 식구들이 무척 고마웠다.

그렇게 재수생활은 하루하루가 지나갔고 JJ와의 만남은 거의 사막의 비처럼 드물었다.

2월과 3월, 4월과 5월이 그렇게 지나갔다.

대학이라는 목표달성과 그 이후의 만남을 위해서 인내의 시간을 보내야 했다.

91년 5월 8일
 - 그대 - 이문세

 그대 고운 두 눈은 맑은 호수
 파아란 하늘이 있는 것 같아
 그대 고운 미소는 싱그런 바람
 살며시 내 마음 스쳐 가네요

그대의 입술은 붉게 타나요
눈부신 노을처럼~ 정말 예뻐요
그대 고운 마음씨는 하얀 눈~ 같을까
아마도 나는 그대를 무척 좋아 하나봐

그대의 입술은 붉게 타나요
눈부신 노을처럼~ 정말 예뻐요
그대 고운 마음씨는 하얀 눈~ 같을까
아마도 나는 그대를 무척 좋아 하나봐

아마도 나는 그대를 무척 좋아 하나봐
아마도 나는 그대를 무척 좋아 하나봐

이 노래는 내가 가장 좋아하고 가장 즐겨 부르는 노래다.
어쩌면 이렇게도 내 마음을 잘 옮겨 놓았을까?
나는 말 못 할 정도의 기쁨으로 즐겨 부르곤 했었다.
이 노래를 아무도 없는 조용한 공간에서 조용한 하늘을 보며, 조용한 어둠을 배경으로, 조용한 음성을 가다듬어, 조용히 조용히 불러보면……

내 마음속에선

아~ 이렇게도…… 하는 소리 없는 탄성이 내 가슴에 크나큰 부풀음을 전하며 무한한 기쁨과 즐거움을 만들어 주곤 했었다. 바로 JJ에 대한 나의 마음을 말이다.

어느 하루하루도 어느 아침저녁도 어느 곳에서도 어느 시간에서도 나 JJ를 잃어버리지 않고 존재해 왔음을 이 세상 가장 위대한 신의 이름을 걸고 나의 한 작은 생명을 걸고 나의 영혼마저 걸어 맹세할 수 있다.

난 그렇게까지 그리움에 묻힌 그리움을 갖고서 JJ를 그리워했다.

어쩌면 그런 풀리지 않고 사라지지 않는 그리움이 나의 JJ를 아름다우며 소중하며 귀한 존재로 만들었는지도 모른다. 그러나 나에게 있어서 JJ는 그리움으로써만 존재하는 어떤 허상이 아니었음을 또 현재에도 아님을 난 알고 있으며 알아왔다.

그래서 나에게 있어 JJ는 실상의 그리움이며 내 마음에 내손에 쥘 수 있는 그리움이다. 언젠가 나와 JJ가 함께 있는 날들은 그 그리움이 어떤 진실과 사랑의 존재로써 나와 JJ의 영혼과 육체에 풍만할 것이다.

난 그날의 진실과 사랑을 위해 오늘의 그리움을 간직하련다.

나의 JJ

그렇게 첫 사랑의 기억이 흐르다

어떤 이에게는 고등학교 시절 첫사랑이 있을 수도 있고 또 어떤 이는 첫사랑이 없을 수도 있다.

돌이켜보면 난 참 진한 첫사랑을 한 것 같다.

20년이 넘게 지난 지금에도 그때 그 기억들이 선명하니 말이다.

기억이라는 것이 물속으로 가라앉아 잊혀지기도 하지만 또 어떤 기억은 영원히 물위에 떠 있기도 한다.

우리는 처음 만났을 때 일주일에 한번 씩은 꼭 보곤 했다.

너무 보고 싶었고 보면 행복했고 계속 볼 수 있도록 열심히 공부하자고 마음을 되새겼다.

그런데 알다시피 고3이라는 시기가 학생들에게는 피가 마를 정도로 입시에 시달리는 시절이다.

시험의 연속이었고 대학입시라는 큰 관문이 놓여 있는지라 태평하게 사랑가나 부를 수 없는 노릇이었다.

그렇게 고 3의 벽에 둘의 만남은 줄어들 수밖에 없었고 그리운 마음은 일기로 달래야했다.

참고 기다리면 언젠가는 영원히 헤어지지 않고 함께 할 수 있는 시간이 올 것이라는 바람이 유일한 위안이었다.

정말 생각해 보면 고3 일 년 동안엔 몇 번 만나지도 못했고 재수기간동안 만남도 다섯 손가락 안에 드는 것 같다.

하지만 JJ를 향한 그리움은 날이 갈수록 커지기만 했다.

그렇게 시간은 또 흘렀다.

그리고 그해 12월 재수를 마감하는 시험을 보았다. 시험 결과가 좋다는 것은 바로 다음날 알 수 있었다. 그리고 12월 25일 크리스마스에는 JJ와 어렵게 약속을 만들어 짧은 시간을 함께 보냈다. 거의 여섯 달 만의 만남이었다.

마침내 28일에는 합격소식을 받았다.

1991년이 가고 1992년이 왔다.

92년 1월 19일

내 오랜 JJ와 만남이 있었다. 언제나 그랬듯이 약간은 서먹서먹한 기분으로 서로의 마음을 전해 받고 있었다. JJ는 어느 레스토랑에서 자신의 결심을 말했었고 나는 진지했었다.

오늘은……

언젠가 서로가 주고받던 크고 작은 우스개 농담들이 가득하질 못했다.

…………………

지금 내가 쓰고 있는 글들이 무엇인가를 꾸미어 내려하고 내 감정을 숨기려고 하는 것 같다.

더 이상 글을 쓸 수 없을 것 같다.

그녀는 5살 연상의 남자를 좋아했다

언젠가 순천에서 JJ를 만나고 돌아오면서 했던 이야기가 생각난다.

그녀의 이상형……

그녀의 이상형은 다섯 살 연상의 남자였다.

그녀가 다섯 살 연상을 고집하는 이유는 내 생각이지만 사회적으로 자신보다는 안정된 나이라고 생각했기 때문일 것이다.

불안전한 자신을 보살펴주고 기댈 수 있는 믿음직한 사람이 필요했을 것이다.

늘 불안하고 미래가 보장되지 않은 나 보다는……

난 JJ에게 그냥 친구였을 뿐이라는 생각이 들었다.

나에게 JJ는 첫사랑이고 영원히 함께 하고 싶은 사람이었지만 그녀에게 난, 그냥 남자친구 뿐이었던 것이다.

난 사실 그녀에게 그 어떤 것도 보장해 주지 못했다.

내 미래도 내 자신감도 어떤 것도 보장하지 못했다.

내가 그녀에게 나만 믿고 따라오라고 말할 수 있는 어떤 자신감도 없었다.

그저 빨리 시간이 지나 JJ가 바라는 멋진 사람이 되는 수밖에 없었다.

92년 1월 20일

지금 이 순간 어제부터 시달려온 그 무엇인가의 정체를 밝히기 위해 일기를 쓰려한다.

어제 JJ를 만난후로 갑갑해진 내 가슴의 정체를 말이다.

무엇일까?

어제 저녁 내내 잠들지 못한 채 자꾸만 나를 괴롭혔던 것이…… 그리고 지금 이 순간까지……

첫째 내가 너무 어려서?

둘째 시간이 미워서?

내가 너무 어리다는 것은…… 아직 한사람을 위하고 걱정해 주고 감싸주고 이해해 줄 수 있을 만큼의 따뜻하고 진실 된 가슴을 가지지 못한 사람이라는 것…… 아직은 진실이 무엇이고 그 소중함을 모른다는 것…… 어쩌면 JJ가 유치함일지도 모른다고 말하는 것들은 나 혼자만의 욕심으로 그저 아름답고 로맨틱하게 만들려는 소설적인 생각일지도 모른다는 것……

시간이 밉다는 것은 내게는 너무나도 길고 멀었던 만남의 시간을 JJ의 대학 진학이라는 목표 때문에 또 다시 그 많은 시간을 서로가 함께할 수 없다는 것…… 서로가 멀어져 있어야 된다는 것…… 내 어리고 참을성이 부족한 마음은 JJ에게 소리지르며 탄식하고 싶었다.

"왜 우리가 가까이 할 수 있는 시간은 이렇게도 짧은가?"

아직도 어제와 마찬가지로 무엇인가 나를 속이려 한다. 내 자신이 내 자신에게 진실 되지 못한다.

이제는 정말로 진실 되고자 한다. 적어도 나와 나의 JJ에게……

그렇다 작년 리스마스와 어제의 두 번의 만남 내 가슴이 어두웠던 이유……

그것은… 정말 어렵다(표현 해야만 된다는 것)

그것은…… "JJ가 내 마음속에 있질 않았다"

내 가슴속에서 그리고 간직하며 생각했던 JJ가 내 앞에 내 손에 닿는 곳에 있지 않았다.

바로 그것이다. 다른 이유는 있을 수 없다.

나의 JJ

나의 JJ

정다운 친구와 연인을 생각하며 그리던 존재…… 내 마음이 약해졌을 때 내 정신을 내 가슴을 강하게 만들어 줄 수 있었던 정신적인 존재…… 정말 그리고 그리던 존재……

나는 도대체 JJ에게 무엇을 바라고 있는 것인지……

난 지금 무슨 말을 쓰고 있는 것인지……

난 JJ를 만나면 두 손잡고 싶고 따뜻한 마음으로 포옹하고 싶고 정말 진실만을 말하고 싶고 내 가슴 우러나온 대로 행동하고 이야기 하고 싶고……

내가 이렇게도 오랜 시간동안 JJ를 말하고 생각하는 것은 내 나이 열여덟에 처음으로 진심을 보여준 사람이기 때문일 것이다.

또한 그때 처음으로 진실 된 나를 볼 수 있었기 때문일 것이다. 내게 진실을 보여준 사람은 나에게 있어선 너무나도 소중한 존재이다.

소중함과 진심……

그렇다 아마도 난 아직은 너무 어린가 보다.

조금 더 오랜 시간을 가져보아야 한다.

그러면 지금의 마음을 고개 끄덕일 수도 있을지 모르니까……

지금은 서로가 가장 친하고 가까운 소중한 벗으로써 항상 가까이 있고 그럼으로 같이 위할 수 있다면 내겐 족하다.

나의 JJ

- 스물 하나 -
스물 하나의 내 나이
지금은 당신을 위할 수만 있다면
그것으로 만족합니다

당신에게 크고 깊은 성숙된 사랑이나
나를 위해주기를 바라고 싶지는 않습니다
그저 당신을 위할 수 있도록 허락해 주기만을
바랄 뿐입니다

당신을 사랑한다고 표현되기에는
내 나이 스물 하나는 너무나 어리고 부족합니다
우리 하나가 되기를 기다립시다

92년 1월 28일
JJ의 답장을 약 10여 일 동안 기다렸었다.
 내 기다림의 인내는 너무도 부족하여 점점 더 답장이 오리라는 기대는 무너지고 있다.
 점점 무너져 가는 내 가슴……

말로는 허물어지는 갑갑한 내 가슴을 표현하기가 너무 부족하다.

JJ…… 왜 내 위함을 외면하는지……

아주 오래전 언젠가 이런 마음을 먹은 적이 있었다. 약 4년을 써오고 있는 이 일기장을 나의 JJ에게 사랑이라는 의미를 느꼈을 때 내가 당신을 사랑하는 이유로써 전한다는……

그러나 난 지금 무척 혼란해 있다.

지금 당장이라도 전해주고 싶다.

나를 혼란하게 하는 것은 도대체 무엇인지 갈피를 못 잡겠다.

JJ로부터 이대로 답장을 받지 못하고 내게는 너무나도 어려운 이별을……

이런 종말은 싫다.

내가 지금 이별이니 종말이니 하는 것 보면 어쩌면 내가 나도 모르게 바라고 있음인지도 모른다. 그러나 내가 JJ가 멀어지도록 방관만하고 JJ가 이렇게 자꾸만 나로부터 멀어진다면 내겐 너무나도 무서운 일이다.

그 무서운 일이란…… 나의 일기장에 나타나있는 4년이라는 내 일생에 가장 아름답고 행복한 시간이 모두가 거짓으로 포장된 삶이되기 때문이다.

JJ가 자꾸만 나를 슬프게 한다.

나의 JJ에 대한 마음, 느낌, 편지, 시간……

이 모두가 지금 이렇게 서로가 멀어지는 것 같은 시간 속에서 거짓이 되어 버린다면 난 내일생의 4년 그것도 가장 진실해야 될 4년이 내게서 사라지는 것과 다름없다.

내가 정말 4년을 거짓으로 살아왔을지도 모른다.

지금 당장이라도 이 일기장을 JJ에게 건네주고 싶다.

내 마음과 진실을 대신해서…… 그러나 떨림을 감출 수가 없다.

JJ……

지금의 내심정 모든 것이 너무 서두르고 급한 것일지도 모른다.

그러나 지금 너무 서둘러서 바보가 될지라도 무엇인가 이루어지리라는 것, 내가 거짓이 아님이라는 것을 전하고 싶은 마음은 좀처럼 사라지지 않는다.

난 지금 너무나도 혼란해 있다.

만약 이 일기장이 지금 JJ에게 전해진다면 "내가 당신을 사랑함이요"라는 의미가 전해지는 것은 아닐 것이다. 그러나 나의 젊음의 시절에 가장 소중한, 진실로 소중한 사람이었음은 또 앞으로도 그러할 것임은 전해질수 있을 것이다.

그러나 JJ가 이것마저도…… 나의 모든 것 마저도 외면해 버린다면……

 난 나의 젊음을 거짓으로 살아왔으며 앞으로도 거짓된 삶만을 살아야 되는 사람이 되어버릴지도 모른다.

 왜냐 하면 JJ의 외면 후 난 더 이상 JJ가 소중함의 의미였다고 말할 수 있는 용기와 진실을 상실해 버릴 테니까……

 JJ 여기 찢겨진 일기장은 나의 혼란한 마음을 대변하는 것 같구나.

 이 일기장은 지금껏 JJ를 알고 난 뒤 내가 주고 싶었던 가장 큰 선물이란다.

 너무나도 급한 마음은 나의 어리석음일지도 모른다.

 하지만 내 진실한 마음을 달래기에는 내 인내가 너무 부족하구나.

지금 이 일기장이 JJ에게 전해지지 않으면 난 영원히 혼란한 사람이 될 것 같아!

어쩔 수가 없구나……

나의 JJ

항상 JJ와 함께 이기를 바라는 호형……

일기장을 보여주다

그 당시 JJ가 점점 멀어질 것에 대한 불안감이 내겐 무척 깊었다.

그래서 그동안 쓴 일기장을 JJ에게 보여줘야겠다는 마음을 먹었다.

내가 그동안 JJ를 얼마나 그리워했는지…… 얼마나 사랑했는지…… 그리고 얼마나 애를 태웠는지 보여주고 싶었다.

'사랑한다는 흔한 말' 대신 일기장을 보여주면 그녀가 내 마음을 이해해줄 것이라고 생각한 것이다.

드디어 JJ와 약속을 잡았다.

여수 종화동이라는 곳인데 선착장이 있고 비가 부슬부슬 내리는 밤이었다.

바다위에는 빗방울이 그리는 작은 동그라미들이 수없이 생겼다 사라졌다를 반복했다.

가로등 불빛 아래로는 부슬비가 제법 굵어 보였다.

우산을 쓴 채로 마주서서 일기장 두 권을 JJ에게 건넸다.

JJ를 처음 만나고부터 만들어진 모든 기억과 추억, 그리움이 녹아있는 일기장이었다.

이 일기장을 준다는 것은 내 마음을 온통 송두리째 주는 것과 마찬가지였다.

처음으로 JJ의 미소를 보았을 때 푹 빠져버린 내 마음과 그녀를 세상에서 가장 아끼고 사랑하는 내 모든 마음이 담겨져 있다.

그 일기장에는 함께 걸었던 숲속 오솔길과 길가의 작은 풀꽃, 그리고 꽃냄새까지 모두 녹아있었다.

JJ는 일기장을 말없이 받았다.

내가 2년 동안 일기장을 써 왔을 것이라고는 전혀 상상도 못한 얼굴이었다.

아마 일기장을 건네받았을 땐 어떤 내용이 들어 있을 것이라고 생각도 못 했을 것이다.

난 일기장을 건네며 JJ에게 이렇게 말했다.

"내가 쓴 일기장인데 그냥 읽어봐……"

지금 생각해 보니 참 촌스럽게도 말한 것 같다.

좀 더 세련된 표현을 하고 좀더 JJ가 놀라지 않게 말할 것을……

역시 여자 친구 사귀는 데는 프로가 아니었나 보다.

밤새 울고 온 그녀를 만나다

일기장을 건넨 다음날 JJ를 다시 만났다.

나를 빨리 보고 싶다는 JJ의 말에 전화를 끊고 한참 멍한 기분이었다.

내 마음을 받아들인 것인가? 정말 내 진심을 알아 준 것인가?

이젠 JJ랑 평생 같이 있을 수 있는 것인가?

점심시간이 조금 지난 오후였다.

여수 시내에 있는 한 커피숍에서 JJ를 만났다.

그런데 JJ의 얼굴이 좋아 보이지 않았다.

손에는 손수건까지 들려 있었다.

밤새 울어 눈이 퉁퉁 붓고 한숨도 못 잔 기색이었다.

난 JJ에게 물었다.

"무슨 일이야? 무슨 일 있었어?"

"너 울었구나?"

JJ는 한참을 아무 말도 못하고 고개를 숙이고 있었다.

눈물을 보이지 않으려고 일부러 고개를 들지 못하는 것 같았다.

아랫입술을 꾹 깨물고 있던 JJ가 입을 열었다.

"응 한숨도 못 잤어. 이거 읽느라고……"

"이거 읽으면서 너무 많이 울었어… 네가 나를 이렇게 많이 생각하고 있는 줄 몰랐어."

난 용기를 내어 JJ의 손을 꼭 쥐었다. 밤을 꼬박 샌 모습을 생각하니 미안한 마음이 들었다.

내 마음 속에는 '아 JJ가 이제야 내 마음을 알았구나. 내가 얼마나 너를 좋아하는지 알았구나'라는 생각이 들었다.

JJ는 밤새 그 일기장을 읽었고 자기가 기억하지 못하는 작은 이야기까지 모두 쓰여 있는 것을 보고 무척 놀랬다고 말했다.

그리고 고맙다는 말을 했다.

하지만 JJ는 일기장을 나에게 돌려주었다.

"이 일기장은 내가 가질 수 없어 이건 네 거야"

이 일기장에 쓰여 진 기억과 추억은 내 것이지 JJ의 것이 아니라는 것이다.

내 기억과 추억을 내가 가지고 있어야지 JJ가 가지고 있을 수 없다는 것이다.

그리고 그 기억들을 좋은 추억으로 생각해줘서 고맙다는 말을 했다.

어느덧 일기장은 내 손안에 들어와 있었다.

내가 JJ에게 일기장을 주고 내 마음을 전달하려고 한 것은 그녀에게 사랑한다는 말을 대신해 한 것이었다.

그런데 그 일기장이 내 손안에 돌아와 있다는 것은 그녀가 내 마음을 받아들이지 않는다는 뜻이었을까?

난 일기장이 내 손으로 다시 돌아온 순간 참으로 많은 생각을 했다.

'이 일기장을 갖고 있기가 부담스럽구나…… 아 그래…… 내가 너무 성급하게 모든 것을 털어 놨구나…… 천천히 다시…… 그래 천천히 다시…… 그녀에게 다가가자…… 그녀에게 생각할 시간을 주자……'

그렇게 우리는 멀어져 있었고 난 대학 1학년 생활을 보냈다

많은 시간이 지났다.

대학에 들어 온 후 몇 개월 동안 새 생활에 정신이 없었다.

한 달에 한번 정도 아주 가끔 JJ와 통화를 했고 바쁜 생활이 계속됐다.

그녀는 대학 대신 바로 취업을 했다고 들었다.

그 당시 상업고등학교를 나온 대부분의 사람들은 바로 취업 전선으로 뛰어들었다.

내 하숙방에 찾아온 JJ

대학 생활을 시작한 첫해 가을과 겨울의 길목으로 기억난다.

하숙집 주인아주머니가 다급한 목소리로 나를 불렀다. "호형 학생…… 여자 친구한테 전화 왔어…… 빨리 와 전화 받아……." 그 당시에는 휴대전화가 귀한지라 하숙집에서는 주인아주머니의 집전화가 유일한 통신수단이었다. 전화를 받자 너무나도 반가운 JJ 목소리가 들려왔고 내가 있는 익산에 오겠다는 것이었다. 전화를 끊고 한참을 멍하게 있었다.

나에겐 정말 놀랍고도 기쁘고 반가운 일이 아닐 수 없었다.

그런데 갑자기 머리가 복잡해지기 시작했다.

오후 5시에 도착하게 되면 저녁을 먹고 금방 시간이 흐르면 잠잘 곳이 있어야 하는데 도무지 방법이 생각나지 않았다.

그렇다고 하숙방에서 같이 잠을 잘 수도 없는 노릇이고 더군

다나 하숙방에는 친구가 있어서 그 친구에게 양해를 구하는 것도 어려운 일이었다.

하지만 달리 방법이 없었다.

JJ를 모텔에 혼자 자게 할 수도 없는지라 일단 룸메이트인 친구를 어렵게 설득해냈다.

그 다음은 방청소부터 시작해서 그동안 남자 둘이 살았던 방을 최대한 상큼하게 변신시키는 노력을 했다.

구석구석 쌓인 먼지를 털어내고 책상 밑에 마구 던져진 양말들을 주어 대청소와 대빨래를 했다.

그렇다면 다음 시나리오는 JJ와 둘만 있을 때 무엇을 하느냐였다.

이층에 있는 하숙방 형님의 LP플레이어가 생각났다.

형님께 손이 발이 되도록 싹싹 빌어 겨우 하룻밤 임대에 성공했다.

LP판은 그 옛날 JJ와 내가 함께 들었던 산타 에스메랄다〈유어 마이 에브리싱〉을 구했다.

그리고 음악이 흐를 때 분위기가 썰렁해지는 것을 방지하기 위해 와인을 준비했다.

와인 잔은 하숙방 아주머니에게 부탁해 두개를 빌렸고 와인은 동네 슈퍼에서 파는 싸구려 와인 한 병을 구했다.

와인 맛이 뭔지도 모를 나이에 그냥 한잔 정도 있으면 괜찮을 것이라는 생각이었다.

이제 그녀가 오기만 하면 되고 모든 것은 완벽해 보였다.

나이트에서 온 세상을 품에 안다

드디어 그녀가 왔다.

내 하숙방으로……

언제나 수줍은 미소와 큰 눈을 가진 JJ.

익산역 도착출구에서 목이 빠져라 그녀를 기다렸다. 저멀리 사람들의 머리와 머리 사이 어깨와 어깨 사이로 혹시나 그녀의 모습을 놓칠까 노심초사했다.

드디어 저 멀리 단발머리를 찰랑거리며 조용히 걸어오는 JJ.

그녀는 천사보다 아름다웠다.

늘 소박한 청바지 차림…… 그날은 옅은 밤색 재킷을 입었던 것으로 기억난다.

그날 JJ와 난 가장 행복한 저녁을 함께 했다.

저녁 식사 후에는 가볍게 생맥주를 한잔 했고 그동안 못했던 이야기들과 어떻게 생활하고 있는지를 이야기 했다.

또 시간이 지나면 무엇을 할 것인지 어떤 직업을 가질 것인지 어떤 꿈을 만들어 가고 있을지를 이야기 했다.

그리고 호프집을 나왔을 땐 이미 익산 시내가 화려한 네온사인으로 옷을 갈아입고 난 뒤였다.

수많은 네온사인 중에 눈에 쏙 들어오는 간판이 하나 있었다.

바로 나이트클럽이었는데 그냥 무심코 '우리 저기 갈까?'라고 던진 말이 '그래'라는 답변으로 돌아왔다.

사실 나이트클럽은 평생 다 해서 세 번인가 간 것으로 기억되는데 그날이 두 번째로 기억된다.

들어가자마자 빠르고 비트 있는 음악이 심장을 두드렸다. 많지도 적지도 않은 사람들이 무대를 차지하고 있었다.

맥주 한두 잔을 마시고 나서 용기를 내어 무대로 나갔다.

춤이라고 잘 추는 것은 아니지만 그냥 '음악에 몸을 맡겨야 한다?'는 원칙에 입각해 소위 '점잖은 막춤'을 추었던 것 같다.

그리고 늘 벌어지는 장면…… 갑자기 잔잔한 음악이 흐르고 일명 '블루스 타임'.

돌아서서 들어가려는 JJ의 두 손을 용기를 내어 잡았다.

싫다며 들어가려는 JJ의 팔을 다시 당기며 무대 중앙으로 이끌었다.

잔잔한 음악이 막 시작됐을 때 무대 위에는 JJ와 나 둘 뿐이었다.

넓은 무대에 단 둘만 있으니 왠지 사람들의 시선이 느껴지며 부끄럽다는 생각이 들었다.

고개를 푹 숙이고 어쩔 줄 몰라 하는 그녀를 위해 용기를 냈다.

왼손은 어깨 높이로 살짝 잡았으며 오른손은 그녀의 허리를 살짝 감싸 안았다.

그리고 내 쪽으로 살짝 당겨 안았다.

JJ는 고개를 숙이고 내 오른쪽 가슴에 얼굴을 묻었다.

그녀의 체온이 내 가슴에 느껴졌다. 그리고 그녀의 향긋한 냄새가 코끝을 통해 가슴속까지 타고 들어왔다.

그 순간을 어떻게 표현해야 할까……

이런 것이 세상의 모든 것을 얻었다는 것일까?

세상의 모든 것을 안은 듯한 느낌.

세상에 부러울 것이 하나도 없다는 느낌.

그날 난 애타게 사랑했던 그녀를 처음으로 가슴에 안은 것이다.

정말 온 세상이 내 차지가 된 것 같았다.

어색한 침묵이 흐르는 하숙방

한 시간 정도 있었을까? 나이트클럽에서 나왔을 때는 귀가 먹먹했다.

택시를 타고 원광대 앞에 있는 하숙집으로 왔다.

밤 10시가 넘은 시간이었는데 다들 일찍 자는지 조용한 밤이었다.

방안에 들어서자 갑자기 고요가 흘렀다.

방안에는 책상과 의자 한 개, 한 쪽 벽에는 옷가지를 걸어놓는 행거, 중고 브라운관 TV, 또 한쪽 구석에는 이불과 베개들이 가지런히 개어져 있었다.

두 명이 들어가면 좁은 방이라서 어색한 침묵만 흘렀다.

침묵을 깨기 위해 미리 준비해둔 LP판을 만지작거렸다.

잠시 뒤 산타에스마란다의 〈유어 마이 에브리싱〉이 흘러나왔고 JJ와 나의 어색한 귀와 눈은 LP판에 집중됐다.

와인을 한 잔하기 위해 밥상을 펴고 잔과 비스킷을 올려놓았다.

그런데 아차 하고 빼먹은 것이 와인 오프너였다.

그때부터 진땀이 흐르기 시작했다. 와인을 따기 위해 젓가락과 송곳 등 뾰족한 것은 모두 총 동원됐다.

결국 10여분 만에 코르크 마개를 빼내는데 성공했지만 와인을 따르자 코르크 조각들이 둥둥 떠다녔다.

그런 나를 보고 JJ는 재미있었는지 '참 수고 한다'라고 한마디 짧게 건넸다.

그때부터 무슨 이야기를 했는지 아무런 생각이 나지 않는다.

음악을 들으면 분위기가 좋아 질줄 알았지만 어색한 침묵만 계속됐다.

잠시 뒤 음악을 끄고 TV를 켰지만 방안에는 TV의 요란한 소리만 울릴 뿐이었다.

한 시간 정도 흘러 11시가 넘었을 때였다.

갑자기 JJ가 집에 가야겠다면서 벌떡 일어섰다.

난 무슨 영문인지 몰라 깜짝 놀랐다. 갑자기 간다는 말에 너무나도 당황스러웠다.

'내가 무슨 실수라도 했나?'

'난 아무것도 안 했는데?'

돈 한 푼 없이 여수행 열차 막차를?

JJ는 그 길로 바로 하숙방을 나와서 익산역으로 향했다.

아마 어색하게 앉아있는 시간이 너무 부담됐으리라 생각된다.

난 방을 나가는 JJ의 뒷모습을 멍하니 바라보며 아무 말도 하지 못했다.

'내가 뭘 잘못했지?'

한 10분 정도 지났을까?

서둘러 JJ를 뒤쫓았다. 자정이 가까워지는 익산역 광장은 칠흑 같은 어둠에 누가 누군지 구분되지 않았다.

한참을 찾다가 대합실 한쪽에서 50대 초반의 남성과 이야기를 하고 있는 JJ가 눈에 들어왔다.

도대체 무슨 일로 처음 보는 사람과 저렇게 이야기를 하고 있을까……

알고 보니 JJ는 여수까지 내려갈 차비가 없어서 주민등록증을 보여 주며 난생 처음 본 사람에게 차비를 빌리고 있는 것이었다.

얼마나 부끄럽고 난감했을까.
JJ의 손을 잡았다.
"차비가 없으면 나한테 말을 하지……"
JJ는 아무 말도 하지 않았다.

이렇게 서먹서먹하게 그냥 JJ를 보낼 수는 없었다.

매표소에서 여수까지 가는 두 장의 표를 끊었다.

JJ 몰래 한 장은 호주머니 안으로 넣었고 다른 한 장은 JJ에게 건넸다.

개찰구 앞에서 말없이 고개를 숙이고 들어가는 JJ의 뒷모습을 보았다.

5분쯤 지난 뒤, 막 출발하려던 기차에 몰래 올라탔다.

어떻게 기분을 풀어줘야 할지 한참을 망설였다.

익산에서 출발해 40분 정도 지나자 전주를 지나쳤다.

전주역에서 몇 명의 사람들이 기차를 타고 내렸다.

옆 칸에서 JJ가 있는 곳으로 가보니 차창으로 머리를 살짝 돌린 채 잠들어 있었다.

무척 피곤해 보이는 모습이었다.

난 천천히 다가가 말을 건넸다

"실례합니다. 합석 좀 하겠습니다."

JJ가 눈을 뜨더니 '화들짝' 놀랐다.

그리고 그 큰 두 눈에서 왕방울만한 눈물이 뚝뚝 떨어졌다.

JJ는 말없이 눈물을 흘리고는 내 어깨를 때렸다.

"바보야 왜 왔어……"

"그냥…… 혼자가면 심심하잖아. 그리고 내가 지켜줘야지……"

우린 그렇게 전주부터 여수까지 심야열차를 타고 함께 내려갔다.

이런 저런 이야기를 나누다가 JJ는 다시 잠들었고 내 어깨위엔 JJ의 볼이 살짝 기대져 있었다.

난 JJ의 작은 손을 꼭 잡았다.

그렇게 편하게 잠든 JJ의 모습을 난 그날 처음 보았다.

그것도 내 어깨위에서 말이다.

난 그날 JJ를 절대로 다시는 잃지 않을 것이라고 마음속으로 다짐했다.

여수역에 도착하자 어둠이 가고 새벽이 밝아오고 있었다.

여수역 광장 앞에서 택시를 잡아타고 JJ를 집 앞 골목길까지 바래다주었다.

뒤를 돌아보며 환하게 웃으며 손을 흔드는 모습을 보고야 안심이 됐다.

JJ가 그날 왜 갑자기 내 하숙방에 오겠다고 했는지는 아직까지 의문으로 남았다.

시간은 흐르고 난 군 입대를 했다

  JJ가 하숙방을 다녀간 뒤로 겨울이 지나갔고 그 다음해 1월 군 입대를 했다.

  누구나 아는 이야기지만 군 입대라는 것이 두 사람 사이를 갈라놓는 결정적인 계기가 되기도 한다.

  난 그렇지 않기를 바랐다.

  제발 그렇지 않기를 바랐다.

'조폭' 출신 김 상병

 난 군대 생활에서 가장 싫은 것이 군대에서 난무하는 구타와 욕설이었다.

 고참이 되면 이런 것을 꼭 고쳐야겠다는 생각을 항상 마음에 품고 있었다.

 선임병 중에 김 상병은 자신이 대구출신의 조폭이었다고 항상 입에 달고 다녔다.

 운동을 꽤나 한 다부진 몸이었는데 전투복 하의만 입고 상의는 탈의한 채 근육을 드러내며 자신을 과시했다.

 어떤 때는 몽둥이나 주먹, 또는 군화발로 후임병들을 구타하기도 했다.

 일명 '매미'라는 것도 있었는데 '매미'라고 외치면 소나무 기둥에 딱 달라붙어야 했다.

땅에 발이 닿거나 손에 힘이 빠져 떨어지면 몽둥이질이 가해졌다.

내가 근무했던 곳은 동해안 최전방 해안 철책이었다.

북한과 최 근접 지역이어서 철통같은 경계근무가 기본인 곳으로 그만큼 구타와 욕설도 심했다.

살을 에는 칼 바다 바람이 부는 어느 날이었다.

정말 가까이하기도 싫은 김 상병과 초소근무를 같이 서게 됐다.

그 당시 초소는 해안 절벽 위에 있었고 벽돌과 합판으로 만들어져 두 명이 들어가면 비좁을 정도였다.

양쪽 옆면 창은 바람이 못 들어오도록 두껍고 투명한 비닐로 막아졌지만 앞 유리는 총을 겨누어야 하기 때문에 뻥 뚫려 있었다.

2월과 3월에는 칼날 같은 바다 바람이 유리창을 파고 들어와 온몸을 꽁꽁 얼렸다.

검은 바다 위로는 손톱 같은 초승달이 바람에 날아갈 듯 아슬아슬했고 해안 암석엔 파도가 쉼 없이 부서졌다.

침묵이 30분 정도 흘렀을까?

바짝 긴장하고 있는 나에게 김 상병이 다짜고짜 첫사랑 이야기를 하라고 했다.

처음에는 그런 사람 없다고 했지만 얼차려를 몇 번 받고 나니 할 수밖에 없었다.

JJ와 처음 만난 것과 몇 가지 에피소드를 들려주었다.

그 이후로 김 상병은 저녁 근무 때마다 나를 데리고 나갔다.

첫사랑 이야기를 연속극처럼 들었고 노래도 시켰다.

나중에 김 상병이 나에게 털어 놓은 이야기지만 첫 사랑에 대한 열병을 크게 앓았다고 했다.

이런 사람도 마음을 열어 놓고 마음속 이야기를 하는구나 하는 생각이 들었다.

김 상병이 병장 말년이 되고 내가 일병 말호봉이 됐을 때 난 후임병들에게 선언을 했다.

"더 이상 구타와 욕설을 용납하지 않겠다"

그 이후로 가끔 사소한 욕설은 있었지만 구타는 완벽히 사라졌다.

답장 없는 JJ

군 생활을 하며 몇 가지 행복한 일 중에 하나는 JJ에게 편지를 보내는 것이었다.

편지를 보내면 답장은 없었지만 편지를 쓰는 것이 큰 즐거움이었다.

주로 나는 어떤 근무를 하고 있고 JJ에 대해서 묻는 형식이었지만 답장은 없었다.

일병 진급 휴가를 나와서 친구들에게 들은 소식은 부산에서 일을 한다는 것 밖에는 없었다.

3년 이라는 시간은 흘러가고 난 제대를 했다.

다시 대학생활이 시작되고 JJ가 많이 궁금했지만 전화번호도 바뀌고 연락도 없었다.

JJ가 어떻게 지내는지 너무 너무 궁금했지만 더 이상 알려고

하지 않았다.

 JJ가 어떤 일을 하든 잘 되기만을 바랬다.

 어느덧 대학을 졸업하고 스물여덟 살에 MBN이라는 첫 직장을 가졌다.

 2년 정도 지났을 무렵 어느 날 갑자기 JJ에게서 한통의 전화가 왔다.

 난 너무나도 깜짝 놀랐지만 JJ는 의외로 오랜 친구처럼 반갑고 차분한 목소리였다.

JJ는 친구들에게서 내 소식을 들었다며 잘 지내는지 궁금해서 전화를 했다고 말했다.

자신은 딸 둘을 낳았고 아주 행복하게 잘 살고 있다는 이야기였다.

5분도 안 되는 짧은 통화가 끝난 뒤에는 머리가 어리벙벙하며 지금 통화한 사람이 내 첫사랑 JJ가 맞나 라는 생각이 들 정도였다.

하지만 한참이 지나고 결국 JJ의 잘 지낸다는 소식에 내 입가엔 환한 미소가 지어졌다.

첫 사랑은 추억이 아니라 '현실'

 어떤 사람들은 첫사랑을 아름다운 추억이라고 말한다.
 나도 얼마 전까지는 추억이라고 생각했지만 '현실'이라는 표현이 더 적당한 것 같다.
 추억은 과거에 발생하고 이미 끝난 일이지만 '현실'은 지금까지도 계속 이어지는 것이기 때문이다.
 JJ를 만나며 함께 만들었던 아름답고 소중한 첫사랑의 기억들에 모두 감사한다.
 그리고 그토록 순수한 마음과 열정으로 살아간 JJ에게 감사한다.
 내게 있어서 첫사랑의 가장 큰 수확은 내가 누군가를 만날 때 진심과 존경의 마음으로 대할 수 있도록 만들어 준 것이다.
 JJ와 첫사랑의 열병을 앓으면서 자연스럽게 몸에 익혀졌던 누군가에 대한 진심과 존경의 마음은 아직도 내 생활에 익숙하다.

사랑하는 우리 2세들이 누군가를 처음으로 만나고 사랑하게 될 때 상대를 진실로서 대하고 진심으로 존중하기를 바란다.

진실과 존중의 마음은 사랑하는 우리 2세들이 거친 사회를 해쳐나가는데 보이지 않는 튼튼한 동력이 될 것이다.

이글을 마치기 전에 소중한 경험 하나를 전해주고 싶다.

93년 군 입대 전에 무전여행을 하면서 겪은 일인데 내겐 또 하나의 소중한 기억이다.

무전여행 중에 한 화가를 만났는데 누군가를 아무조건 없이 돕는 것이 어떤 것인가를 배울 수 있었다.

그 당시 무전여행이라는 것은 누구나 한번쯤 해보고 싶은 일이었지만 막상 떠나기에는 쉽지 않은 일이었다.

그 소중한 기억을 공유하려하며 누군가를 조건 없이 돕는 것이 어떤 것인지 이야기하고자 한다.

무전여행에서 만난 화가에게 배우다

 내 나이 스물하나, 내가 무전여행을 떠난 당일은 여름 장마가 큰 심술을 부렸다.
 굵은 장대비가 쏟아져 아스팔트 위에는 새 물길이 생길 정도였다.
 장대비 때문에 오랫동안 준비한 무전여행을 포기할 수는 없었다.
 배낭 안에는 전날 밤에 넣어둔 쌀과 코펠, 버너, 김치와 반찬, 속옷과 양말들로 가득했다.
 장대비를 피하기 위해 그 당시 군 장교들이 입고 다니던 국방색 판초우의를 입었다.
 집을 나서니 거센 장대비 아래 난생 처음으로 혼자가 되었다.
 여수고속터미널에서 버스를 타고 첫 목적지인 천안 독립기념

관을 찾았다.

독립기념관을 배경으로 사진을 찍고 천안 시내 곳곳을 구경했다.

밤이 깊어지자 작은 여관을 잡았고 방안에서 라면으로 저녁을 때웠다.

하루 동안에 있었던 일과 느낀 점을 몇 자 적어 내리자 졸음이 밀려왔다.

불을 끄고 자리에 누웠지만 골목길에서 들려오는 취객들의 싸우는 소리에 잠을 설쳤다.

선 잠을 자고 새벽 일찍 서울로 향했다.

서울은 난생 처음으로 가는 것이었고 친구 성신이 충무로 인쇄골목에서 일을 하고 있었다.

충무로에서 일하는 성신을 만나 서울구경에 나섰고 여의도 광장과 한강의 유람선을 보았다. 한마디로 촌놈이라고 하면 딱 맞을 법하다.

저녁에는 성신과 소주 한잔을 주고받으며 오랜만에 이런 저런 이야기를 나누었다.

성신이 거처하는 곳이 직장 형님과 같이 묵는 곳이라서 우리 둘은 낡고 좁은 여관방에서 새우잠을 잤다.

친구 성신의 환대에 감사하며 아쉬운 작별을 했다.

그 다음은 무작정 동해바다를 보기 위해 강원도 동해로 향했다.

고속버스 밖으로 보이는 동해는 장마가 끝나고 피서철이 절정을 이룰 때였다.

다시 시내버스를 타고 동해 해수욕장에 도착 했을 때는 저녁 7시가 조금 넘었다.

저 멀리 수평선 위로 짙은 붉은색과 감청색이 뒤엉켜 환상적인 노을을 만들었다.

호수처럼 고요한 바다는 신비로운 노을을 마치 거울처럼 반사시켰다.

하늘과 바다의 경계가 모호해지고 그 둘이 그대로 하나였다.

한 폭의 유채화 속에 빠져 들어가는 듯 동해바다에 몸을 던졌다.

한참을 헤엄치자 바다가 몸이 되고 몸이 바다가 되었다.

제법 숨이 차오르자 큰대 자로 바다에 누운 뒤 출렁이는 물결에 온몸을 맡겼다.

짜고 차가운 바람이 콧속을 파고들었다.

어머니 자궁 속 아이처럼 이제 막 옹알이를 하는 아이처럼 온 몸과 영혼이 맑아졌다.

그렇게 동해 바다와 멋진 데이트를 즐기는 것도 잠시……

하룻밤을 묵어야 할 장소를 찾아야 했다.

돈도 거의 떨어진 상태라 어쩔 수 없이 동해역 대합실을 찾았지만 문은 굳게 잠겨있었다.

하는 수 없이 역 광장에 있는 벤치에서 라면을 끓여 먹은 뒤 잠을 청했다.

미리 준비해온 담요 한 장에 번데기 집처럼 돌돌 말아 들어가니 포근함이 느껴졌다.

  하지만 포근함도 잠시……

  엥~엥~ 소리와 함께 바닷가 모기들의 집요한 공격이 시작됐다.

  담요 사이를 파고들어온 모기들은 발등과 손목, 얼굴까지 물어뜯기 시작했다.

  도저히 잠을 이루기는 힘든 상황.

  거의 자포자기 할 무렵 어둠속에서 누군가 나를 쿡 찌르며 깨웠다.

  난 너무나 깜짝 놀라 잔뜩 긴장한 채로 몸을 반쯤 일으켰다.

"누……누구세요?"

  가로등 불빛을 등진 검은 얼굴이 대답했다.

"아 우리 형님께서 데리고 오랍니다."

"네? 형님이 누구신데요?"

"우리 형님이 아까 해수욕장에서부터 쭉 당신을 봤는데 혼자 있을 거라면서 데리고 오랍디다."

"분명히 모기에 뜯기면서 역에서 자고 있을 거라더만 딱 맞네……"

  갑자기 머릿속은 두려움과 혼란으로 가득했다.

  '형님이라는 사람이 도대체 누구란 말인가? 어떻게 하지? 안

간다고 할까? 따라 가볼까? 모기를 피하고 싶다. 따라가면 혹시 인신매매범?'

90년대 초반, 그때 당시 가장 큰 사회문제 중 하나는 인신매매였다.

인신매매범이라는 생각이 들자 숨이 탁 막히면서 식은땀이 흘렀다.

'어떻게 하지? 그냥 안 간다고 할까? 그냥 따라 가?'

무작정 대답을 안 하고 가만히 있을 수는 없는 노릇이다.

'그래 호랑이 굴에 들어가도 정신만 차리면 된다. 어차피 죽기 아니면 살기다'

난 떨리는 목소리로 말했다.

"아 가……감사합니다. 안 그래도 모기 때문에 잠을 못자고 있었는데…… 어디로……"

"동해 해수욕장에 우리가 먹고 있는 곳이 있으니 갑시다."

어둠속에서 배낭에 담요를 꾹꾹 집어넣고 신발을 신었다. 그리고 그 낯선자들을 따라갔다.

어둠속에서 몇 발짝이나 걸었을까. 로얄살롱이라는 그때 당시 고급 승용차가 눈앞에 보였다.

"형님이 안에 계시니까 타시오"

"네…… 네……"

떠밀리 듯 차안으로 들어갔다.

두 명의 남자는 양쪽 문으로 들어와 나를 가운데 끼워 앉혀 놓고 문을 '쾅' 닫았다.

앞좌석 운전석에 앉아 있는 사람이 형님이라는 생각이 들었다.

백미러로 어슴푸레 보이는 얼굴은 마흔 초반으로 날카롭고 각진 얼굴에 짧은 수염은 거칠었다.

이제는 무섭기까지 한 마음이 온몸을 경직시켰다.

'아~ 정말 호랑이 굴에 들어왔구나. 지금이라도 나가야 하나?'

난 정신을 차리고 가늘게 떨리는 목소리로 말했다.

"초면에 감사합니다. 그런데 어디로 가는 거예요?"

형님은 말이 없었다. 그 대신 왼쪽에 앉은 동생이라는 사람이 동해해수욕장 민박집으로 갈 것이라면서 거기서 하룻밤 편하게 묵고 가라는 것이다.

어둠속을 달리며 구불구불 한참을 가다보니 불안감이 또 밀려왔다.

아까 버스를 타고 동해해수욕장을 갔던 길과는 전혀 다른 길을 가고 있는 것이 아닌가.

"저…… 어디로 가는지……? 이 길은 동해 해수욕장 가는 길이 아닌 것 같은데……"

왼쪽에 앉아있던 동생이 어둠속에서 무거운 목소리로 말했다.

"우리 인신매매범인거 몰랐어요?"

세상에 이럴 수가…… 심장이 요동치며 머릿속이 온통 하얘졌다.

"네? 이이……인신매매범요?"

"인신매매범 몰라요? 이렇게 쉽게 따라온 사람은 처음 보네……"

난 아무 말도 할 수 없었다. 등꼴이 오싹한 가운데 어두운 비포장 길을 비추는 헤드라이트 불빛만 보일 뿐이었다.

몇 분이나 지났을까?

운전석 형님이라는 사람이 목석처럼 얼어붙어 있는 나를 힐끗 뒤돌아보았다.

"하하하하…… 야 이제 고만해라…… 진짜 우리가 인신매매범인 줄 알잖아……"

"네?"

"우리 그런 사람들 아니니까. 그냥 편하게 있어요. 장난 좀 쳤으니까……"

난 애서 놀라지 않은 척 했지만 내 얼굴은 이미 굳을 대로 굳어 있었다.

잠시 후 자동차는 해수욕장 민박집 앞에 도착했다.

우리나라 전통 가옥을 개조해 만든 민박집으로 대문을 들어서면 우물정자 모양의 지붕이 있고 마당 중앙에는 수도꼭지가 세워져 있었다.

이미 새벽 2시가 넘은 시간이어서 형님이라는 사람이 자신의 방으로 들어가면서 피곤할 터이니 씻고 자라고 말했다.

난 대충 짐을 풀고 샤워장이라고 쓰여 진 곳에서 샤워를 하고 이불속으로 들어갔다.

'감사합니다'라는 말을 빼먹지 않았지만 불안이 여전히 뒤섞여 있었다.

한두 시간쯤 설익은 잠을 잤을까? 밖에서 다투는 소리가 났다.

가만히 귀를 기울여 보니 동생 한 명이 형님이라는 사람에게 불평을 토해냈다.

왜 처음 보는 사람에게 그렇게 무작정 잘해주기만 하느냐는 것이었다.

자신도 못 챙기면서 왜 남만 챙기느냐는 것이다.

고성이 몇 번 오가더니 형님이 화가 잔뜩 났다.

불현듯 방문을 확 열고 들어오더니 잠자는 척 하는 나를 보고 말했다.

"아까 집이 여수라고 하던 것 같던데…… 난 대구로 갈 거요. 같이 갈 거요?"

'이건 또 무슨 말인가…… 이 새벽에 대구를 간다고?'

갑자기 머리가 또 복잡해지기 시작했다.

'어떻게 하지? 따라가? 혼자 있어? 동생들이랑? 동생들은 날 싫어하는데…… 대구? 대구는 여수와 가깝지…… 같이 가?'

결국 나는 형님이라는 사람을 따라나섰다.

칠흑 같은 어둠을 뚫고 7번 고속도로를 달리는데 아침 해가 뜨기 시작했다.

어제 보았던 노을보다는 몇 천 배는 밝고 뜨거운 시뻘건 해였다.

한 두 시간을 달리는 도중에도 형님이라는 사람은 한마디도 안했다.

어디로 가는지…… 분명 남쪽으로 가는데…… 이 사람이 정말 인신매매범인지…… 의심과 불안은 꼬리에 꼬리를 물었다.

그런데 가는 도중 톨게이트에서 문제가 생겼다.

통행료가 없다면서 뒤에 따라오는 차에 가서 5천 원만 빌려오라는 것이었다.

'생전처음 보는 사람에게?'

하는 수 없이 톨게이트 차단막 앞에 차가 서자 뒤차로 가 유리창을 똑똑 두드렸다.

"정말 죄송한데요. 잔돈이 다 떨어져서 톨비가 부족한데요. 5천 원만 빌려주실 수 있을까요?"

차 안에는 아이 두 명과 엄마아빠로 보이는 사람이 타고 있었으며 한마디로 황당한 표정이었다.

하지만 무슨 이유에서인지는 몰라도 엄마로 보이는 사람이 지갑에서 5천원을 빼서 기부하듯 내밀었다.

차는 톨게이트를 빠져나왔고…… 목적지인 대구까지 무사히 갈 수 있었다.

차가 대구에 들어서자 형님이라는 사람이 자신이 잘 알고 지내는 마담에게 간다고 말했다.

거기서 좀 쉴 수 있다는 것이었다.

차는 시내 중심가에서 조금 떨어진 작은 호텔 앞에 멈추었고 형님이라는 사람은 지하에 있는 다방으로 들어갔다.

마담과 형님이라는 사람은 이런 저런 이야기를 나누었다.

옆에 앉아 이야기를 듣고 있노라니 그 사람이 화가라는 것을 알았고 이름이 김진규라는 말까지 들었다.

요즘 그림이 안 팔려 어렵다는 이야기와 마담에게 돈을 꾸려는 이야기가 들렸다.

그리고 형님이라는 사람은 다방 한쪽 구석에 있는 작은 골방에 들어가더니 잠을 자는지 나오지 않았다.

나도 밀려오는 잠을 떨칠 수 없어 소파에 앉아 새우잠을 잤다.

한 두 시간이 지나자 불안감이 또 밀려오기 시작했다.

내가 도대체 어디에 있는지 형님이라는 사람은 도대체 뭘 하는 사람인지……

가만히 생각해 보니 형님이라는 사람과 무작정 같이 있을 수도 없는 노릇이었다.

갑자기 여수에 가고 싶다는 생각이 들었다.

잠시 뒤 물을 마시기 위해 나온 형님이라는 사람에게 다가갔다.

어떻게 말을 해야 할지 두려웠다. 내가 간다고 하면 보내줄까? 아니면 날 못 가게 잡아 둘까? 용기를 내서 말을 했다.

"저 이제 집에 가려고 하는데요……"

물을 시원하게 들이켜고 난 형님은 말했다.

"응 그래? 가고 싶으면 가"

난 너무나도 간단한 대답에 놀라지 않을 수 없었다.

'그냥 가라고? 아무 조건도 없이?'

난 그때까지도 이 사람이 인신매매범이라는 의심을 떨구지 않고 있었다.

그런데 그냥 가라고?

그 화가는 마담에게 천 원짜리 열두어 장을 뺏듯이 빌리더니 나에게 내밀었다.

"여수까지 갈 돈 없지? 이거면 충분할 거야"

"아…… 네…… 감사합니다."

"저기 전화번호라도 주시면……"

"아니 그럴 필요 없어…… 인연이 되면 언젠가는 또 만나겠지…… 괜찮아 그냥 가면 돼. 여행 잘하고……"

난 배낭을 메고 다방을 나오면서 세 번을 뒤돌아서서 감사하다는 말을 되풀이 했다.

대구 고속버스터미널에서 표를 끊고 버스가 여수를 향해 출발하자 그때서야 안심이 되었다.

난 여전히 그 형님이라는 사람에 대해 혹시 인신매매범이 아닌가하고 의심을 하고 있었던 것이다.

버스가 대구를 벗어나는 언덕을 넘자 한 가지 마음속에 깊은 깨달음이 생겼다.

'아무 조건 없이 난생 처음 보는 사람을 도와주는 사람도 있구나!'

'이 얼마나 어렵고도 쉬운 일인가!'

나의 짧은 무전여행은 형님이라고 불리는 화가를 만나 보물보다 더 큰 것을 얻는 여행이 됐다.
언덕을 넘은 고속버스는 붉은 노을 속으로 달렸다.

Corinthians 13장 [NIV]

1 If I speak in the tongues of men and of angels, but have not love, I am only a resounding gong or a clanging cymbal.

2 If I have the gift of prophecy and can fathom all mysteries and all knowledge, and if I have a faith that can move mountains, but have not love, I am nothing.

3 If I give all I possess to the poor and surrender my body to the flames, but have not love, I gain nothing.

4 Love is patient, love is kind. It does not envy, it does not boast, it is not proud.

5 It is not rude, it is not self-seeking, it is not easily angered, it keeps no record of wrongs.

6 Love does not delight in evil but rejoices with the truth.

고린도전서 13장 [개역개정]

1 내가 사람의 방언과 천사의 말을 할지라도 사랑이 없으면 소리 나는 구리와 울리는 꽹과리가 되고

2 내가 예언하는 능력이 있어 모든 비밀과 모든 지식을 알고 또 산을 옮길 만한 모든 믿음이 있을지라도 사랑이 없으면 내가 아무 것도 아니요

3 내가 내게 있는 모든 것으로 구제하고 또 내 몸을 불사르게 내줄지라도 사랑이 없으면 내게 아무 유익이 없느니라

4 사랑은 오래 참고 사랑은 온유하며 시기하지 아니하며 사랑은 자랑하지 아니하며 교만하지 아니하며

5 무례히 행하지 아니하며 자기의 유익을 구하지 아니하며 성내지 아니하며 악한 것을 생각하지 아니하며

6 불의를 기뻐하지 아니하며 진리와 함께 기뻐하고

7 It always protects, always trusts, always hopes, always perseveres.

8 Love never fails. But where there are prophecies, they will cease; where there are tongues, they will be stilled; where there is knowledge, it will pass away.

9 For we know in part and we prophesy in part,

10 but when perfection comes, the imperfect disappears.

11 When I was a child, I talked like a child, I thought like a child, I reasoned like a child. When I became a man, I put childish ways behind me.

12 Now we see but a poor reflection as in a mirror; then we shall see face to face. Now I know in part; then I shall know fully, even as I am fully known.

13 And now these three remain: faith, hope and love. But the greatest of these is love.

7 모든 것을 참으며 모든 것을 믿으며 모든 것을 바라며 모든 것을 견디느니라

8 사랑은 언제까지나 떨어지지 아니하되 예언도 폐하고 방언도 그치고 지식도 폐하리라

9 우리는 부분적으로 알고 부분적으로 예언하니

10 온전한 것이 올 때에는 부분적으로 하던 것이 폐하리라

11 내가 어렸을 때에는 말하는 것이 어린 아이와 같고 깨닫는 것이 어린 아이와 같고 생각하는 것이 어린 아이와 같다가 장성한 사람이 되어서는 어린 아이의 일을 버렸노라

12 우리가 지금은 거울로 보는 것 같이 희미하나 그 때에는 얼굴과 얼굴을 대하여 볼 것이요 지금은 내가 부분적으로 아나 그 때에는 주께서 나를 아신 것 같이 내가 온전히 알리라

13 그런즉 믿음, 소망, 사랑, 이 세 가지는 항상 있을 것인데 그 중의 제일은 사랑이라

내 딸에게 보여주는 아빠의 첫사랑 일기

God bless you

!!

| 책을 마치며 |

 난 이 책을 쓰는 동안 마치 타임머신을 타고 20년 전으로 돌아간 것 같았다. 잊혔던 소중한 기억들이 마법사의 수정 구슬을 들여다보는 것처럼 생생하게 떠올랐다.

 20여 년 전을 기억할 수 있다는 것, 그것도 바로 눈앞의 현실처럼 기억할 수 있다는 것은 대단한 행운이다. 이런 모든 것이 바로 일기를 쓰는 작은 노력으로 가능했다고 말하고 싶다.

 열여덟 살 때 일기를 쓴다는 것은 힘들고 지친 사춘기 소년에게 작은 휴양지 같은 것이다.

 자신만의 휴양지에 예쁜 집과 풀장, 나무 그늘을 만들어야 하는데 일주일에 한두 번의 작은 수고는 기꺼이 들일만하지 않은가?

사실 이 일기장을 책으로 내놓기 전에 많이 망설였다.

일기장이라는 것은 보여주기 위해서 쓰는 것이 아니고 나만의 비밀을 영원히 담아놓는 곳이기 때문이다. 또 비록 20여 년 전, 열여덟 살 소년의 일기지만 다른 사람에게는 보이고 싶지 않은 치부도 담겨져 있다.

하지만 사랑하는 우리 2세들을 위해 작은 결심을 했다.

누구나 실패는 있는 것이고 이기고 극복해 나가는 과정이 결과보다 더 중요하기 때문이다.

마지막으로 이 책을 통해 사랑하는 우리 2세들이 사람을 만나고 일을 행함에 있어서 진심으로 겸손하고 진실 되기를 바란다.

이 소중한 일기를 책으로 만들어 사랑하는 아내와 두 딸에게 보여 줄 수 있어서 너무 감사하고 행복하다.

내 딸에게 보여주는 아빠의 첫사랑 일기

아빠의 첫사랑

발행처 | I ♥ 경록
인쇄일 | 2013. 10. 30 인쇄
발행일 | 2013. 10. 30 발행
저 자 | 강 호 형
발행자 | 李 星 兌
주 소 | 서울시 강남구 삼성동 91-24
전 화 | 02) 3453-3933, 02) 3453-3546
팩 스 | 02) 556-7008
등 록 | 제16-496호
ISBN | 978-89-5646-703-0

저자와
협의로
인지생략

이 책의 무단복제 복사를 금함

- 이 책의 저작권은 아이러브경록에 있습니다.
- 이 책의 무단 전재 또는 복제행위는 저작권법 제136조 의거, 5년 이하의 징역 또는 5,000만원 이하의 벌금에 처하거나 이를 倂科할 수 있습니다.